财政学
与税收筹划研究

杨沛沛　唐信花　郑为晶◎编著

山西出版传媒集团
三晋出版社

前　言

　　财政是国家治理的基础和重要支柱,财税体制在治国安邦中始终发挥着基础性、制度性、保障性作用。随着社会主义市场经济体制的建立与完善,财政制度也发生着深刻的变革,财政在社会公众的生活中日显重要。

　　财政学是以研究国家为主体的财政分配关系的形成和发展规律的学科,是经济学的重要组成部分,属于应用学科。它主要研究国家如何从社会生产成果中分得一定份额,并用以实现国家职能,包括财政资金的取得、使用、管理及由此而反映的经济关系。当前,世界经济进入新常态,包容性增长成为社会主流,我国也面临经济下行的压力,财政收入超经济增长的现象渐行渐远,而教育、医疗、养老等刚性的财政支出需求日益增长,政府必须高度关注和直面各种类型的地方债务和偿债风险。在市场经济条件下财政学已经向公共经济学发展,尤其是中国在从计划经济向市场经济转轨过程中必须建立公共财政框架。公共财政的职能作用影响广泛,财税政策宏观上涉及国民经济发展与社会的稳定,微观上关乎个人的生活安定与幸福指数。

　　税收是政府取得财政收入的主要手段,也是纳税人或消费者的货币支出。税收筹划是指纳税人通过对其涉税事项的预先安排,以非违法性为基本特点,以减轻或免除税收负担、延期缴纳税款为主要目标的理财活动。税收筹划在我国改革开放初期还鲜为人知,随着改革开放的不断深入和市场经济的进一步发展,特别是中国加入WTO,开始参与全球化的经济运行后,税收筹划才逐渐为人们所认识、了解并加以实践。在我国税收法制日臻完善的情况下,税收筹划已成为企业的必然选择,是建立现代企业制度的必然要求。我们相信,随着依法治税的理念和依法纳税的观念不断加强,税收筹划作为中国税收法制完善的助推器,会迎来一个新的发展高潮。

目 录

第一章 财政的概论 ·· 1
  第一节 财政概述 ·· 1
  第二节 财政的职能 ·· 3
  第三节 财政学的研究对象和方法 ······································ 8

第二章 财政收入 ··· 11
  第一节 财政收入概述 ·· 11
  第二节 财政收入结构和规模分析 ···································· 14
  第三节 财政收入的构成和非税收入分析 ······························ 25

第三章 转移性支出 ··· 34
  第一节 转移性支出概述 ·· 34
  第二节 社会保险支出 ·· 37
  第三节 财政补贴 ·· 47
  第四节 税收支出 ·· 53

第四章 税收筹划的实施 ·· 58

 第一节 税收筹划概念 ·· 58

 第二节 税收筹划发展层次 ·· 71

 第三节 税收筹划产生的因果分析 ··································· 74

第五章 消费税的税收筹划 ·· 85

 第一节 消费税纳税人的税收筹划 ··································· 85

 第二节 消费税计税依据的税收筹划 ································ 87

 第三节 消费税税率的税收筹划 ····································· 100

第六章 企业所得税的税收筹划 ··· 103

 第一节 企业所得税纳税人身份的税收筹划 ···················· 103

 第二节 企业所得税税率的税收筹划 ······························ 109

 第三节 企业所得税计税依据的税收筹划 ························ 113

 第四节 企业所得税优惠政策的税收筹划 ························ 128

参考目录 ·· 132

第一章 财政的概论

第一节 财政概述

一、财政一词的来源

20世纪40年代中华书局出版的《辞海》对"财政"一词做如下解释:财政谓理财之政,即国家或公共团体以维持其生存发达之目的,而获得收入、支出经费之经济行为也。显然,这种解释也是从英文"public finarice"译为中文引入的概念。因此,"财政"一词目前在中文词汇中的含义,虽然在学术研究上还有不同的理解,但在日常生活中,已经是一个耳熟能详、十分确定的词语。例如,管理国家收支的工作名曰财政工作,管理机关名曰财政部、财政厅、财政局等,研究财政的学问名曰财政学。这些已经约定俗成,为社会所公认。

这里讲"财政"一词的来源,是为了说明"财政"一词是准确的,"财"与"政"两个字的合成可以明确无误地表达财政的本义。"财"是指政府收支,而"政"则是治理,所以,财政就是政府收支及其治理。

二、财政的概念

从实际工作来看,财政是指国家(或政府)的一个经济部门,即财政部门,通过其收支活动筹集和供给经费和资金,保证实现国家(或政府)的职能。从经济学的意义来理解,财政是一个经济范畴,是一种以国家为主体的经济行为,是政府集中一部分国民收入用于满足公共需要的收支活动,以达到优化资源配置、公平分配及经济稳定和发展的目标;也可以理解为,财政是以国家为主体的分配活动,这里的"分配"既包括生产要素的分配,也包括个人收入的分配。

三、财政的特征

(一)财政分配的主体是国家或政府

财政体现的是一种分配关系,其分配关系的主体是政府,没有政府为主体的分配就不能称其为财政。这也是财政分配区别于其他分配范畴的基本特征。所谓以政府为主体,是指政府在财政分配中居于主导地位,并形成政府与其他分配主体之间的分配关系。当然这并不是说政府对经济可以为所欲为,财政根本上是由经济决定的。在现代市场经济条件下,市场机制应在经济运行中起决定性作用,财政应该尊重市场的活动范围及运行规律,市场有效的经济活动,政府应该积极配合。

(二)财政分配的对象是部分社会产品与服务

财政分配一部分社会产品与服务,即一部分国民收入。一个国家在一定时期内(通常是一年)所生产的最终产品与所供给的全部服务的市场价值的总和,是国家取得财政收入的基本源泉。政府通过税收、国有资产收益、收费和国债等收入形式,将一部分社会资源从企业、公民等转移到公共部门,形成财政收入。

(三)财政分配的目的是满足社会公共需要

社会公共需要是相对于私人需要和微观主体需要而言的。所谓社会公共需要是指政府向社会提供安全、秩序、公民基本权利和经济发展的社会条件等方面的需要,诸如政府的行政管理、国防、文化教育、公共卫生、生态环境保护的需要,基础设施、基础产业、支柱产业和风险产业的投资,以及为调节市场经济运行而采取各种措施和政策供给的服务等。私人需要可以通过市场的价格、竞争机制得以实现,而社会公共需要则要通过政府的收支活动来满足。这是财政学研究的核心内容之一。

公共需要和公共物品是财政学的两个基础性概念,两者是一个事物的两个方面,公共物品是从供给方面表达的,公共需要则是从需求方面表达的。这里需要说明一下,有了公共物品的概念,为什么还要提出公共需要的概念？这是因为：一是我们是研究经济学的，要通过"物"的关系来透视人们的社会关系，而公共物品是指商品和服务的使用价值形态，它们的社会性需要是通过以货币表现的价值形态来体现的。例如，在当前市场经济条件下，国家机关和公共部门提供公共物品，不是实物供给，而是通过货币形式的征税和拨款等财政收支过程提供的。因此，提出公共需要的概念是为了明确提供公共物品的目的，并有利于从货币价值形态上分析提供公共物品所体现的社会关系。二是我们这里是研究财政学的，需要说明的是，提供公共物品是所有国家机关和公共部门的职责，而财政部门并不直接生产或提供公共物品，而是为国家机关和公共部门提供资金，通过各机关和部门提供公共物品，最终满足社会的公共需要。因此，公共需要概念对于财政学更为确切和适用。

第二节 财政的职能

一、资源配置职能

(一)定义

资源配置就是运用有限的资源形成一定的资产结构、产业结构以及技术结构和地区结构，达到优化资源结构的目标。[1]世界上所有国家都将高效地配置资源作为头等重要的政治经济问题，而资源配置的核心是效率问题，效率问题又是资源的使用方式和使用结构问题。在市场经济体制下，市场在资源配置中起决定性作用，具备充分竞争条件的市场，会通过价格与产量的均衡自发地形成一种资源配置最佳状态。但由于存在市场失灵，市场自发形成的配置不可能实现最优的效率状态，因而需要政府介入和干预。政府在资源配置中的职能是积极稳妥地从广度和深度上推进市场化改革，推动资源配置依据市场规则、市场价格、市场竞争实现效益最大化和效率最优化；同时要大幅度减少政府对资源的直接配置，主要是保持宏观经济稳定，

---

[1] 任秋芳. 企业所得税税收优惠战略研究[J]. 中国管理信息化, 2012(22):2.

加强和优化公共服务,弥补市场失灵。因此,财政的资源配置职能要研究的问题主要是,如何通过政府与市场的有效结合提高资源配置的总效率以及财政在配置资源中的特殊机制和手段。

(二)财政配置的机制和手段

第一,在明确社会主义市场经济中政府职能的前提下,确定社会公共需要的基本范围,确定财政收支占GDP的合理比例,从而实现资源配置的总体效率。我国过去一段时间内,公共财政收入占GDP的比重或中央财政支出占全部财政支出的比重明显偏低,不能有效地保证理应由财政承担的重要投入,对引导社会资金的合理流动也缺乏力度,这是财政资源配置职能弱化的表现。当前,我国财政收入占GDP的比重已经达到相当水平,通过改革中央财政支出占全部财政支出的比重也将有所提高,但也要防止财政收入增长速度过快,以致影响甚至冲击市场在资源配置中的决定性作用。

第二,优化财政支出结构,保证重点支出,压缩一般支出,提高资源配置的结构效率。我国国民经济和社会发展战略规划明确规定了当前优化财政支出结构的要求:向教育、公共卫生、社会保障、农业、就业等民生性支出倾斜;向困难地区和群体倾斜;向科技创新和转变经济发展方式倾斜。

第三,合理安排财政投资的规模和结构,保证在经济运行新常态下,坚持稳中求进的总基调,着力稳增长、调结构、促改革。财政投资要坚持退出竞争性领域,主要投向公共设施、基础设施以及大型的国家建设工程,因而财政投资对稳增长、调结构、促改革起着至关重要的作用。过去曾有一段时间,预算内投资占全社会投资比重过低,导致公共设施和基础设施发展滞后,对经济增长形成了"瓶颈"制约。自实施积极财政政策以后大有改观,今后仍要从财力上支持基础性投资和具有战略性的国家重大建设工程。但是,也要切忌越俎代庖,防止排挤市场的决定性作用。

第四,通过政府投资、税收政策和财政补贴等手段,带动和促进民间投资,吸引外资和进行对外贸易,提高经济增长率。

第五,提高财政资源配置本身的效率。对每项生产性投资的确定和考核都要进行成本效益分析,对于公用建筑和国防工程之类的属于不能回收的投资项目,财政拨款应视为这种工程的成本,力求以最少的耗费实现工程的高质量。

二、收入分配职能

(一)定义

在市场经济体制下,国内生产总值分配的起始阶段是由价格形成的要素分配,即各种收入首先以要素投入为依据,由市场价格决定,要素收入与要素投入相对称。我国明确实行按劳分配与要素分配相结合的分配原则,各阶层居民的收入分为劳动收入与非劳动收入。鼓励城乡居民进行储蓄和投资,允许属于个人的资本等生产要素参与收入分配,国家依法保护法人和居民的财产与合法收入。在个人消费品的分配上,实行按劳分配原则,个人通过诚实劳动和合法经营取得收入,个人劳动投入和劳动报酬相对称。这既符合公平原则,又符合效率原则。但在市场经济条件下,由于各经济主体或个人投入的生产要素不同、资源的稀缺程度不同以及各种非竞争因素的干扰,各经济主体或个人获得的收入会出现较大的差距,而收入差距过大将涉及社会公平问题。这里,所谓社会公平是指将收入差距维持在现阶段各阶层居民所能接受的合理范围内。

收入分配的核心问题是实现社会公平,因而财政分配职能所要研究的问题主要是显示社会公平的标准和财政调节收入分配的特殊机制和手段。实际上,由于各国的经济发展水平和历史传统的差异,不可能有一个统一的衡量公平分配的标准,当前各国几乎都公认采取由洛伦兹曲线计算的基尼系数来显示公平分配的程度。一般认为,系数处于 0.3~0.4 之间为合理区间。我国目前基尼系数已接近 0.5,说明收入差距已经偏大,而且有继续扩大的趋势,因此缩小收入分配差距已经被政府确定为当前的一项重要经济政策。按我国现行的经济核算体系,商品流转税作为商品价格的一部分,直接构成要素分配的一个项目,而所得税则是要素分配的再分配,因此财政既参与由价格形成的起始阶段的要素分配,又参与要素分配基础上的再分配。

(二)财政实现收入分配职能的机制和手段

第一,划清市场分配和财政分配的界限和范围,凡属市场分配的范围,财政不能越界;凡属财政分配的范围,财政应尽其职。比如,财产收入、股息收入、租金收入,甚至作为法人经济主体的企业的工资收入,一般财政不宜直接介入,而是通过再分配进行间接调节;而医疗卫生、社会福利、社会保障,则应改变过去"企业办社会"的陈规,由财政集中举办,实行社会化。

第二,规范工资制度。这里是指由国家预算拨款的政府机关公务员的工资制度和视同政府机关的事业单位职工的工资制度。凡应纳入工资范围的收入都应纳入工资总额,取消各种明补和暗补,提高工资的透明度;实现个人收入分配的货币化和商品化;适当提高工资水平,建立以工资收入为主、工资外收入为辅的收入分配制度。

第三,加强税收调节。税收是调节收入分配的主要手段:通过间接税调节各类商品的相对价格,从而调节各经济主体的要素分配;通过企业所得税调节企业的利润水平;通过个人所得税调节个人的劳动收入和非劳动收入,使之维持在一个合理的差距范围内;通过资源税调节由于资源条件和地理条件而形成的级差收入;通过遗产税、赠予税调节个人财产分布等。

第四,通过转移性支出,如社会保障支出、救济金、补贴等,使每个社会成员得以维持起码的生活水平和福利水平。

三、经济稳定与发展职能

(一)定义

经济稳定包含充分就业、物价稳定、国际收支平衡等多重含义。[①]充分就业并非指可就业人口百分之百就业。由于经济结构不断调整,就业结构也在不断变化,在任一时间点上,总会有一部分人暂时脱离工作岗位处于待业状态,经过一段时间培训后重新走上工作岗位,因而充分就业是指可就业人口的就业率达到了由该国当时社会经济状况所能承受的最大比率。物价稳定也不意味着物价冻结,上涨率为零。应当承认,即使在经济运行正常时期,物价的轻度上涨也是一个必须接受的事实,而且有利于经济增长;相反,物价长时间低迷并不利于经济的正常运行。所以物价稳定是指物价上涨幅度维持在不至于影响社会经济正常运行的范围内。国际收支平衡是指一国在国际经济往来中维持经常性项目收支(进出口收支、劳务收支和无偿转移

[①] 范从来. 货币政策单一目标转向多目标动态权衡[J]. 经济学家,2018(12):2.

收支)的大体平衡,因为国际收支与国内收支是密切联系的,国际收支不平衡同时意味着国内收支不平衡。

发展和增长是两个不同的概念。增长是指一个国家的产品和劳务的数量的增加,通常用国内生产总值(GDP)及其人均水平来衡量。发展比增长的含义要广,不仅意味着产出的经济增长,还包括随着产出增长而带来的产出与收入结构的变化以及经济条件、政治条件和文化条件的变化,表现为在国内生产总值中农业的比重相应下降,而制造业、公用事业、金融贸易、建筑业和现代服务业等的比重相应上升,随之劳动就业结构发生变化,教育程度和人才培训水平逐步提高,社会和谐、人民乐业。简言之,发展是一个通过物质生产的不断增长来全面满足人们不断增长的基本需要的概念,对发展中国家来说,包括消除贫困、失业、文盲、疾病和收入分配不公等现象,发展的总目标就是构建和谐社会。

(二)财政实现经济稳定与发展职能的机制和手段

第一,经济稳定的目标集中体现为社会总供给和社会总需求的大体平衡。如果社会总供求保持了平衡,物价水平就是基本稳定的,经济增长率也是适度的,而充分就业和国际收支平衡也是不难实现的。财政政策是维系总供求大体平衡的重要手段。当总需求超过总供给时,财政可以实行紧缩政策,减少支出和增加税收或两者并举;一旦出现总需求小于总供给的情况,财政可以实行适度宽松政策,增加支出和减少税收或两者同时并举,由此扩大总需求。在这个过程中,财政收支发生不平衡是可能的而且是允许的。针对不断变化的经济形势而灵活地变动支出和税收,被称为"相机抉择"的财政政策。

第二,在财政实践中,还可以通过一种制度性安排,发挥某种"自动稳定"作用。如累进税制度、失业救济金制度,都明显具有这种作用。原则上说,凡是业已规定了的,当经济现象达到某一标准时就必须安排的收入和支出,均具有一定的"自动稳定"作用。不可否认,我国目前这种"自动稳定"的机制还是不完善的,难以全面发挥应有的作用。

第三,通过投资、补贴和税收等多方面安排,加快农业、能源、交通运输、邮电通信等公共设施的发展,消除经济增长中的"瓶颈",并支持第三产业的兴起,加快产业结构的转换,保证国民经济稳定与高速发展的最优结合。

第四,财政首先应切实保证民生性的社会公共需要。诸如,加快文教事业的发展,提高公共卫生水平,完善社会福利和社会保障制度,治理污染、保护生态环境,使增长与发展相互促进、相互协调,避免出现某些发展中国家曾经出现的那种"有增长而无发展"或"没有发展的增长"的现象。

第三节 财政学的研究对象和方法

一、财政学的研究对象

(一)财政的基本理论

主要研究财政是什么,财政作为政府的经济行为,财政与政府、政府与市场之间关系如何。还要重点关注财政与经济的关系,即财政的收与支与社会总供给和总需求之间的关系。

(二)财政收支

财政学是研究政府财政活动的科学,政府的财政活动要具体化为财政的收入和支出。财政学首先要研究的是政府如何取得收入、如何安排支出以及财政收支有哪些规律,在收支过程中对经济运行产生什么样的影响,或者说怎样通过收支来影响经济运行,达到政府既定的经济目标和社会目标。

(三)财政制度

市场经济是法治经济,财政进行收支活动时,必然要在一定的法律规范和制度的框架下进行,所以,研究财政收支活动离不开对财政制度的研究。如税率的高低、税种的设置要通过税收制度来确定;财政收支安排要通过预算制度来规范,并通过一定的审计程序给予审定;中央和地方财政的支出划分,要通过一定的财政管理制度来规范;国债的发行、管理及市场活动都要通过相应的制度来规范。财政制度的确定和执行是政府财政活动的一项重要内容,同时也是财政学的研究内容。

(四)财政政策

现代市场经济运行中,政府的宏观调控作用进一步加强,财政作为政府的经济行为,政府的经济政策主张必定要通过财政收支活动贯彻到经济运行之中去。同样的道理,一定的财政收支活动也必然要体现政府的政策意图。从现代国家的宏观经济政策来说,财政政策和货币政策是其两大支柱,财政政策的选择和实施、财政政策与货币政策之间的关系已成为现代财政理论的重要组成部分。因此,财政政策目标是什么,传导机制如何,以及政策工具、政策效果都包括在财政学的研究范围之内。

二、财政学的研究方法

(一)理论与实际相结合

实践是理论的基础和源泉,又是检验理论正确与否的唯一标准,其基本精神是达到主观和客观、理论和实践、知和行的具体的历史的统一。

财政学理论的发展伴随着经济自由和经济干预的交替。在经济发展史上,当与古典学派相关时,自由竞争思想占据主导,财政对经济的干预力度就会减少;当与凯恩斯学派相关时,政府干预思想占据主导,财政对经济的干预力度就会增强。

(二)实证分析与规范分析相结合

实证分析,就是按事物的本来面目描述事物,说明研究对象"是什么",它着重刻画经济现象的来龙去脉,概括出若干可以通过经验证明正确或不正确的基本结论。实证分析法运用于财政学,就是要按照财政活动的原貌,勾勒出从财政取得收入直至安排支出的全过程及其产生或可能产生的经济影响,财政活动同整个国民经济活动的相互作用,以及组织财政活动所建立的机构、制度和各种政策安排。

规范分析要回答的问题是"应当是什么",即确定若干准则,并判断研究对象目前所具有的状态是否符合这些准则,如果存在偏离,应当如何调整。规范分析运用于财政学,就是要根据社会主义市场经济这一制度前提,根据公平与效率这两大基本社会准则,来判断目前的财政制度是否与上述前提和准则相一致,并探讨财政制度的改革问题。

(三)定性分析与定量分析

定性,用文字语言进行相关描述;定量,用数学语言进行描述。

(四)纵向对比与横向对比相结合

纵向对比着眼于时间,同一事物在时间跨度上的对比;横向对比着眼于同类事物的共时性比较,即在同时期同类事物做比较。

第二章 财政收入

第一节 财政收入概述

一、财政收入的含义

(一)财政收入的概念

财政收入是指政府为履行其职能、实施公共政策和提供公共物品与服务的需要而筹集的一切资金的总和。财政收入表现为政府部门在一定时期内(一般为一个财政年度)所取得的货币收入。财政收入是衡量一国政府财力的重要指标,政府在社会经济活动中提供公共物品和服务的范围和数量,在很大程度上取决于财政收入的状况。

(二)财政收入的意义

1.财政收入是实现国家职能的财力保证。国家为了实现其职能,必须掌握一定数量的社会产品,财政收入正是国家获得资金的重要手段,对实现国家职能有重要意义。

2.财政收入是正确处理各方面物质利益关系的重要方式。财政收入的取得不仅是聚集资金的问题,在具体操作过程中,取得多少、采取何种方式,关系到党的方针政策的贯彻落实,涉及各方面的物质利益关系的处理。只有在组织财政收入的过程中正确处理各种物质利益关系,才能达到充分调动各方面的积极性、优化资源配置、协调分配关系的目的。

3.财政收入是财政支出的前提。财政分配是收入与支出的统一过程,财政支出是财政收入的目的,财政收入则是财政支出的前提和保证,在一般情况下,收入的数量决定着财政支出的规模,收入多才能支出多,因此,只有在发展生产的基础上,积极聚集资金,才能为更多的财政支出创造前提。

二、财政收入分类

(一)财政收入分类的意义和方法

分类的方法是科学研究的重要方法。财政收入分类是提高政府理财艺术的需要,是分析财政收入的性质及其对经济运行影响的需要,是研究财政负担及其合理性的需要,最根本的是充分发挥财政职能和作用的需要。

纵观财政学史,在不同的历史发展阶段,各国学者根据当时的经济发展和财政分配状况,提出了很多财政收入分类方法。由于早期市场经济时期政府的主要收入来自国有资产,因此亚当·斯密将财政收入分为国家资源收入和税收收入两类。英国的道尔顿则根据收入的征收方式将财政收入分为:强制收入,包括税收、战争赔款、罚金、强迫公债收入等;代价收入,指公产收入、公有企业收入、自由公债收入等;其他收入,则是指专卖收入、特许权使用费、发行货币收入、捐献收入等。

随着市场经济的发展,国有资产的数量大幅度下降,政府收入主要依靠税收,因此税收被突出为重要的门类。印度学者西拉斯按财政收入形式,将财政收入分为两大类:税收收入和非税收收入。非税收入包括公产和公有企业收入、行政收入、公债收入等。其中公产和公有企业收入,主要指国有资产收入,是政府凭借其拥有的财产取得的租金、利息或变卖价款。行政收入是政府为公众提供公共服务所取得的收入,一般分为规费、特许权使用费、特许金和罚金。

还有很多学者,从不同角度根据不同标准,对财政收入进行分类。如有的将财政收入分为直接收入、间接收入和预期收入三类,有的将财政收入分为经常收入和临时收入两类,有的将财政收入分为公经济收入(指国家行使政治权力,从国民经济中强制征收的收入,如税收和行政规费等)和私经济收入(指国家处于与一般私人经济同样的地位,从事各种经济活动所取得的收入,如公有财产收入、公有企业收入等)两类。

科学的分类方法一方面要具有一定的理论价值,另一方面要符合实际需要,与具体的国情相适应。从理论与实践相结合的意义上看,我国的财政收入适合做以下三个方面分类,即按财政收入形式分类,按财政收入来源分类,按财政收入归属分类。

(二)分类

1.按财政收入形式分类。财政收入形式是指政府取得财政收入的具体方式。目前,世界各国取得财政收入的主要形式基本上是税收,其他的归属非税收形式。至于非税收的种类和地位,则视各国的政治制度、经济结构和财政制度的不同而有所区别。

我国在经济体制改革前,财政收入的主要形式是国有企业利润上缴和税收,其中,国有企业利润上缴占主导地位。另外,还存在国有企业上缴折旧基金这种收入形式。经济体制改革以来,通过改革分配制度、理顺分配关系和规范分配方式,使税收收入在预算收入中上升到绝对支配地位。

目前,我国财政收入形式从财政统计口径看,分为税收收入和其他收入两类,从整体预算看(包括经常性预算和建设性预算),则分为:税收收入、企业收入、债务收入、政府消费和其他收入。

按财政收入形式分类的方式与国际惯例较为一致。通过这种分类,可以了解财政收入过程中不同的筹集方式,每种筹集方式的特点和作用,以及运用各种方式取得的收入在总收入中所占的比例。另外,政府可以根据需要和财源状况,充分利用各种收入手段,有效地筹集资金和调节经济。

2.按财政收入来源分类。无论国家以何种方式参与国民收入分配,财政收入过程总是和该国的经济制度、经济运行密切相关的。如果把财政收入视为一定量的货币收入,它总是来自国民收入的分配和再分配。经济作为财政的基础和财政收入的最终来源,对财政分配过程和财政收入本身具有决定作用。按财政收入来源分类,主要目的是体现财政收入从何处取得,反映各种收入来源的经济制衡关系,有利于选择财政收入的规模和结构,并建立经济决定财政、财政影响经济的和谐运行机制。

按财政收入来源分类,从不同角度可分为若干类:①按财政收入来源的价值形态不同,财政收入可以分为来源于C的收入、来源于V的收入和来源于M的收入;②按财政收入来源的所有制结构不同,财政收入可以分为国有经济收入、集体经济收入、私营经济收入、外资经济收入、个体经济收入;③按财政收入来源的部门结构不同,财政收入可分为工业部门收入、农业部门收入、商业部门收入、服务业部门收入;④按产业结构不同,财政收入可分为第一产业部门收入、第二产业部门收入、第三产业部门收入;⑤按收入来源的地区结构不同,把财政收入分为某省、直辖市、自治区的收入,或东部、中部、西部收入等。

3.按财政收入归属分类。财政收入的归属是指筹集的财政收入支配权属于中央政府还是地方政府,支配权属于中央政府的是中央财政收入,支配权属于地方政府的称为地方财政收入。这种分类在实行分税制财政体制的国家具有重要的理论意义和实际意义。考虑到中央政府的特殊地位和职能需要,按照财权和事权相结合的原则,单一制国家(如法国)一般把财政稳定、充裕和涉及宏观调控的税收及非税收收入划为中央收入。我国从1994年开始实行分税制财政体制。明确界定中央财政收入和地方财政收入的来源和范围,有助于正确处理好中央财政和地方财政,以及地方各级财政之间的收入分配关系。

第二节 财政收入结构和规模分析

一、财政收入结构分析

(一)财政收入分项目构成

财政收入分项目构成,是按财政收入形式分析财政收入的结构及其变化趋势。这种结构的发展变化,是我国财政分配制度变化的反映。

在计划经济体制下,所有制形式实行单一的公有制,在公有制内部,超越生产力发展水平,过分追求全民所有制形式。在处理国家与国有企业利润分配关系时,实行统收统支制,企业实现的利润全部上缴国家,构成国家财政收入的主要来源。税收主要是对商品、劳务流转额征收。改革开放后,随着经济体制改革的逐步深化,税收取代了上缴利润,成为主要收入形式。1983年、1984年实施两步"利改税"。第一步"利改税"开征国有企业所得税,第二步"利改税"将原先已经合并的工商税重新划分为产品税、增值税和盐税,同时开征或恢复资源税等税种。这些改革措施大大增加了税收的财政收入作用和经济调节作用。

(二)财政收入的价值构成

马克思在他的"再生产理论"中研究了社会总产品的实物构成和价值构成。

按照马克思的再生产理论,社会产品的实物由生产资料和消费资料构成,社会产品的价值由C、V、M三部分构成。C是补偿生产资料消耗的价值部分,V是新创造的价值中归劳动者个人支配的部分,M是新创造的归社会支配的剩余产品价值部分。从我国实际情况看,M是财政分配的主要对象,是财政收入的主要来源,但也有一部分财政收入来自C和V。

1.财政收入来自C的部分。财政收入来自C的部分,过去主要是指国有企业上缴财政的折旧基金部分。从理论上讲,政府对国有企业的部分折旧基金进行统筹使用是可行的。因为国家作为国有企业的产权代表,具有这种经济权力。固定资产的价值补偿和实物替换在时间上和空间上是分离的,从而使国家集中调剂使用部分折旧基金成为可能。

国家集中企业的部分折旧基金,从实施效果看并不理想。其原因主要是财政集中的折旧基金大多用在了新的投资项目上,由此造成国有企业更新改造大量欠账。在市场经济条件下,国有企业和其他企业一样是市场竞争主体,自主经营,自负盈亏。国家不再直接参与国有企业的生产、经营活动。一般财政也不宜直接对企业的补偿基金进行分配。

目前情况下,由于现行税制设计的缺陷,如增值税采用生产型等,使固定资产补偿价值构成某些流转税税基,部分间接地形成国家财政收入。

2.财政收入来自V的部分。V是指工资、奖金及其他个人收入,属于个人消费基金范畴。财政参与V的分配主要出于两方面的原因。

(1)调节劳动者之间收入差距的需要:从总体上讲,V是由社会维持劳动力再生产的平均费用所决定的,应留归劳动者个人。但由于客观上存在的个人拥有的财产、劳动能力等方面的差别,各个劳动者实际得到的货币收入在数量上是不同的。一部分劳动者的收入远远高于社会平均必要产品的价值,而另一部分劳动者的收入则大大低于社会平均必要产品的价值。为了维护收入分配的公正、合理,保持社会稳定,政府应以社会管理者的身份,凭借政治权力,采用税收和补贴等方式,对劳动者的收入进行再调节。

(2)政府增加财政收入来提高公共服务质量的需要:劳动者收入在具体使用上可分三个部分:维护劳动者自身及其家属最低限度的生活需要,发展个人专门技能或知识能力方面的需要,业余休闲或享受部分的支出。在现代文明社会中,维护合格劳动者再生产的费用应主要包括前两部分,它不应成为财政分配的对象。而第三部分通常与高收入有关,政府从中集中部分财政收入用于提供公共物品或服务的支出是可行的,同时也是合理的。

目前财政收入来自价值V的部分,分直接和间接两方面。直接来源于V的财政收入包括:直接向个人征收的税,如个人所得税、个人交纳的房产税、契税、土地使用税、车船使用税等;直接向个人收取的规费收入(如户口证书费、结婚证书费、护照费等)和罚没收入等。间接来源于V的财政收入有销售烟酒、化妆品等产品的消费税中包含工资收入的转化,服务行业和文化娱乐业等企事业单位上缴的税收,其中,一部分是通过对V的再分配转化来的。

从现实情况看,V虽然构成财政收入的一部分,但它在整个财政收入中所占的比例很小。随着我国经济体制改革的逐步深化和居民收入水平的不断提高,居民个人就其收入纳税的情况会越来越普遍。从发展趋势看,V在财政收入中的贡献会越来越大。

3.财政收入主要源泉是社会剩余产品价值M。从财务角度看,企业在销售商品或提供劳务等经营业务中实现的营业收入,扣除成本、费用后为企业纯收入,相当于剩余产品价值。按现行税制和财务会计制度的规定,国家对企业纯收入要进行三个层次的分配,内容包括:第一层次,征收流转税金,包括增值税、消费税、城市维护建设税、资源税、土地增值税及教育费附加等;第二层次,征收所得税,包括企业所得税、外商投资企业和外国企业所得税;第三层次,参与企业税后利润分配,主要是对国有企业,集中其一部分国有资产收益和其他收入。

从国家参与剩余产品价值分配的环节和形式看,财政收入的主要部分是由社会产品价值中的M构成的。在C、V价值部分既定或比例不变的情况下,社会产品价值量越多,可供财政分配的 M 也越多,财政收入也随之增长,当社会产品价值量不变,C、V 价值部分减少或比例下降,财政收入随 M 的增加而增加。M 是国家财政收入的主要源泉。因此,增加财政收入的有效途径为:一方面大力发展经济,增加经济总量;另一方面提高经济增长的质量,大力降低单位产品的物化劳动消耗和活劳动消耗。

(三)财政收入的所有制构成

财政收入所有制构成,是指来自不同经济成分的财政收入所占的比例。这种结构分析的意义在于,表明国民经济所有制构成对财政收入规模和结构的影响及其变化趋势,从而采取有效措施,增加财政收入,并合理分配收入负担。

我国现在处于社会主义初级阶段,而公有制为主体、多种所有制经济共同发展,是社会主义初级阶段的基本经济制度。公有制经济的主体地位主要表现在公有资产在社会总资产中占优势,国有经济控制国民经济命脉,对经济发展起主导作用。相应地,我国财政收入绝大部分来自公有制经济,其中主要来自国有经济。从另一方面看,国家可以凭借两种身份通过两种形式参与国有经济单位剩余产品价值分配。一种是凭借政治权力,以一般社会管理者身份,向国有经济单位征税取得财政收入;另一种是以资产所有者身份,参与国有企业税后利润分配,集中一部分国有资产收益。参与企业税后利润分配是国有经济所独有的,其他经济单位利润在交纳所得税后留归自己支配,国家一般不再参与分配。因此,就企业创造的剩余产品价值而言,国家集中的部分,国有经济单位要比其他经济单位多。

国有经济是财政收入的最主要源泉。在过去传统体制下,国有经济居绝对主导地位,其所提供的财政收入也占绝对比例。经济体制改革以来,在支持公有制经济主体地位的同时,允许和鼓励非公有制经济发展。因此,财政收入来源于国有经济的比例,自经济体制改革以来有下降趋势。

(四)财政收入的部门构成

社会剩余产品价值是由国民经济各部门共同创造的。所以研究财政收入的来源,有必要从财政收入与国民经济各部门关系这个角度来分析,即分析各部门如何为财政提供收入、提供多少收入等,这就是所谓的财政收入的部门结构。这里的部门有双重含义,一是按传统意义上的部门分类,分为工业、农业、建筑业、交通运输业及服务业等;二是按现代意义上的产业分类,分为第一产业、第二产业和第三产业。研究财政收入的部门结构有利于我们正确认识国民经济各部门在创造财政收入中的地位和作用。

按传统意义分类,工业、农业是国民经济中两大生产部门,它们创造的国民收入始终占国民收入总额的80%以上,也是提供财政收入的主要部门。具体表现为农业是财政收入的基础,工业是财政收入的支柱。

农业是国民经济的基础,为国民经济其他部门的发展提供基本条件。没有农业的发展,国民经济其他部门的发展和财政收入的增加都将受到制约,从这个意义上说,农业也是财政收入的基础。农业部门提供的财政收入表现为两种形式。一种形式是直接上缴的农(牧)业税。由于目前我国农业的劳动生产率较低,扣除个人消费和内部积累后,通过税收上缴国家的只占很小一部分,占财政收入的比例虽呈上升趋势,但仍然较低;另一种形式是通过工业、农业产品价格"剪刀差"间接提供财政收入,即农业部门创造的一部分价值通过工业、农业产品交换,而转到工业部门实现。据估计,农业部门间接提供的财政收入比其直接上缴的收入多得多,只是在直接统计中没有表现出来。

工业是国民经济的支柱,是创造和实现国民收入的主要部门,也是财政收入的主要来源。工业产值在国内生产总值中所占比例最大。工业部门的劳动生产率比农业高得多。因此,来自工业部门的各项税收和国有资产收益是财政收入的主体。由于过去我国工商税收主要在生产环节征收,所以工业部门提供的财政收入在整个财政收入中所占比例较高。

工业、农业以外的其他部门对财政收入的影响日益增加。交通运输业和商业服务业是连接生产与消费的纽带,交通运输业作为生产活动在流通领域的延续,是一种特殊的生产活动,直接创造和提供财政收入。商业以货币为媒介,从事商品交换活动,对生产活动具有重大影响。

现代产业结构分类与传统的部门结构是不同的,但又是相互交叉的。如果把传统的部门结构与现代产业结构分类简单对比,第一产业相当于农业、林业、牧业和渔业,第二产业相当于工业和建筑业,第三产业相当于上述部门以外的其他部门。应当说明,部门结构属于传统的核算方法的分类,已经不能完全适应市场经济体制的要求,而按第一、第二、第三产业的分类是我国改革后的现行核算方法的分类,当前更具实践价值。在发达国家,第三产业占 GDP 的比例已达 60% 以上,提供的财政收入占全部财政收入的 50% 以上。随着改革的深化和经济的发展,第三产业将以更快的速度增长,将成为财政的重要来源。由此,加强第三产业部门的管理,建立系统化、科学化的管理制度,并加强税收征管,应是今后财政的工作重点。

(五)财政收入的征收级次构成

从财政收入的归属或征收级次看,许多国家都是由中央政府征集较多份额,然后再拨付给地方政府使用。在我国财政收入构成中,中央财政收入所占比例一直偏低,严重影响了中央的宏观调控能力。1994年我国进行了分税制改革,要求逐步理顺中央与地方之间的财政分配关系,以提高中央财政收入占总收入的比例。从实施的效果看,开始比较理想,中央财政收入比例由 1993 年的 22% 提高到 1994 年的 55.7%,后来由于地方政府强化了地方税收征管,并增加税外收费,使地方财政收入增长速度较快。相应地,中央财政收入比例又呈下滑态势,1998 年降为 49.5%,大大低于国际上实行市场经济的国家中央政府财政收入占财政收入平均 60% 的比例。

二、财政收入规模分析

(一)财政收入规模的含义与衡量指标

1.财政收入规模的绝对量指标。财政收入规模的绝对量是一定时期内财政收入的实际数量,如财政收入总额。财政收入的绝对量反映了一国或一个地区在一定时期内的经济发展水平和财力集中程度,体现了政府综合运用财政收入手段调控经济、参与收入分配和进行资源配置的范围和能力;将财政收入规模的绝对量排成时间序列,可以分析财政收入规模随着经济发展、经济体制改革及政府在调控经济、资源配置和收入分配中的范围和能力的变化趋势。

2.财政收入规模的相对量及衡量指标。财政收入规模的相对量是一定时期内财政收入与相关经济和社会指标的比例。衡量财政收入相对规模的指标有:财政收入占国内生产总值的比重(财政负担率)、税收收入占国内生产总值的比重(宏观税负率)。

(1)财政收入占国内生产总值的比重:财政收入占国内生产总值的比重是一定时期内(通常为一年)财政总收入与年国内生产总值的比值,反映财政年度内国内生产总值中由政府以财政方式筹集和支配使用的份额,体现了政府介入分配环节,调节国内生产总值分配结构,从而影响经济运行和配置资源的能力、范围、方式和地位。财政收入占国内生产总值的比重越大,表明社会资源经由政府财政机制集中配置的份额越多,市场配置的份额越少,私人经济部门的可支配收入相应减少。财政收入占国内生产总值的比重越小,说明政府调节国内生产总值分配结构和集中配置资源的力度越小,市场配置资源的作用和能力就越强。

(2)税收收入占国内生产总值的比重:税收是财政收入中最主要的来源,通常占财政总收入的90%左右,财政收入的规模在一定程度上可以由税收收入占国内生产总值的比重体现出来。税收收入占国内生产总值的比重又称为宏观税负率,是衡量一个国家宏观税负水平的基本指标。

3.反映财政收入规模变化的指标。反映财政收入规模变化的指标主要包括:①财政收入增长率,是当年财政收入比上年财政收入增长的百分比;②财政收入增长弹性系数,是财政收入增长率与GDP增长率之比,系数大于1,说明财政收入增长,小于1则财政收入为负增长;③财政收入增长边际倾向,是GDP每增加一个单位时财政收入增加的数量,反映财政收入增加额与GDP增加额的关系。

财政收入增长弹性系数、财政收入增长边际倾向、财政负担率三者之间存在如下关系。

财政负担率 = 财政收入增长边际倾向/财政收入增长弹性系数

(二)制约和影响财政收入规模的因素

1.经济发展水平和生产技术水平对财政收入规模的制约。经济发展水平反映一个国家的社会产品的丰富程度和经济效益的高低。经济发展水平高,社会产品丰富,一般来说,则该国的财政收入总额较大,占国内生产总值的比重也较高。当然,一个国家的财政收入还受其他各种主客观因素的影响,但有一点是清楚的,就是经济发展水平对财政收入的影响表现为基础性的制约,二者之间存在源与流、根与叶的关系,源远则流长,根深则叶茂。从世界各国的现实状况考察,发达国家的财政收入规模大都高于发展中国家。而在发展中国家中,中等收入国家又大都高于低收入国家,绝对额是如此,相对额亦是如此。

生产技术水平也是影响财政收入规模的重要因素,但生产技术水平是内含于经济发展水平之中的,因为一定的经济发展水平是与一定的生产技术水平相适应的,较高的经济发展水平往往是以较高的生产技术水平为支柱。所以,对生产技术水平制约财政收入规模的分析,事实上是对经济发展水平制约财政收入规模的研究的深化。

简单地说,生产技术水平是指生产中采用先进技术的程度,又可称之为技术进步。技术进步对财政收入规模的制约可从两个方面分析:一是技术进步往往以生产速度加快、生产质量提高为结果,技术进步速度较快,GDP(国内生产总值)的增加也较快,财政收入就有了充分的财源;二是技术进步必然带来物耗比例降低,经济效益提高,剩余产品价值所占比例扩大。由于财政收入主要来自剩余产品价值,所以技术进步对财政收入的影响更为直接和明显。

有的经济学家测算,在20世纪初一些发达国家经济增长诸因素中,技术进步所占比重为5.2%,到20世纪中叶,上升到40%,到20世纪70年代,上升到60%,其中美、日等国已高达80%。我国作为发展中的社会主义国家,生产技术水平与发达国家相比还有一定的差距,如对1979—1987年国民收入增长因素进行测算,技术进步对于国民收入增长的贡献仅为15%左右,但是,从技术进步发展过程来看,其作用仍是不断扩大的,到2015年,我国技术进步对GDP增长的贡献已达到55.1%。随着我国改革开放政策的进一步贯彻落实,技术进步的速度和作用正以前所未有的态势增长。

技术进步通过降低物耗,提高剩余产品价值的比例,从而扩大财源的作用也是十分明显的。根据有关资料测算,我国1979—1987年近10年间财政收入绝对额增加1115亿元,其中来自技术进步等集约性因素350亿元,占31.4%;来自其他因素变化(资金和劳动收入)所得为380亿元,占34.1%;来自价格上涨所得为370亿元,占33.2%;来自不确定因素15亿,占1.3%。也就是说,尽管技术进步对我国经济增长的贡献还较低,但它表明技术进步对财政收入的影响大于对整个经济的影响。由此看来,促进技术进步,提高经济效益,是增加财政收入的首要的有效途径,在我国更是如此。

2.分配政策和分配制度对财政收入规模的制约。制约财政收入规模的另一个重要因素是政府的分配政策和分配制度。经济决定财政,财政收入规模的大小,归根结底受生产发展水平的制约,这是财政学的一个基本观点。经济发展水平是分配的客观条件,而在客观条件既定的条件下,还存在通过分配进行调节的可能性。所以在不同的国家(即使经济发展水平是相同的)和国家的不同时期,财政收入规模也是不同的。

分配政策的变化,必然引起财政收入规模的变化。政府在收入分配中越是追求公平,政府进行再分配的力度就越大,政府需要掌握的财力就越多。因此,在同等经济发展水平下,政府的财政收入规模就会越大。分配政策对财政收入规模的制约作用主要表现在两个方面:一是分配政策能够影响剩余产品价值在国内生产总值中所占的份额,从而决定财政分配对象的大小;二是分配政策直接决定财政集中度的高低,即财政收入在剩余产品中所占的份额。

3.价格对财政收入规模的影响。财政收入是一定量的货币收入,它是在一定的价格体系下形成的,又是按一定时点的现价计算的,所以,由于价格变动引起的GDP分配必然影响财政收入的增减。在现实经济生活中,价格分配对财政收入的影响,主要取决于两个因素:一是引发价格总水平上升的原因;二是现行的财政制度。财政赤字是导致通货膨胀的重要原因之一。假如物价总水平的上升主要是由于财政赤字引起的,亦即流通中过多的货币量是因弥补财政赤字造成的结果,国家财政就会通过财政赤字从GDP分配中分得更大的份额;在GDP只有因物价上涨形成名义增长而无实际增长的情况下,财政收入的增长就是通过价格再分配机制实现的。因此,财政收入的增量通常可分为两部分:一是GDP正常增量的分配所得;二是价格再分配所得。后者即为通常所说的"通货膨胀税"。

在许多经济发达的西方国家,过去长期实行赤字财政政策,并通过市场机制形成有利于国家的再分配,所以,"通货膨胀税"是国家财政的一项经常性的收入来源。在我国的社会主义经济制度下,则要进行具体分析。通货膨胀是一种货币现象,即流通中实际的货币量超过客观必要量。从宏观上分析,过多的货币量是由财政赤字和信用膨胀两条渠道共同形成的,而且信用膨胀也可能是主要原因。如果财政赤字不是通货膨胀的主要原因,那么,财政在再分配中有得有失,而且可能所失大于所得,即财政收入实际下降。决定价格分配对财政收入影响的另一个因素是现行财政制度。如果是以累进所得税为主体的税制,纳税人适用的税率会随着名义收入增长而提高,即出现所谓"档次爬升"效应,从而财政在价格再分配中所得份额将有所增加。如果实行的是以比例税率的流转税为主体的税制,这就意味着税收收入的增长率等同于物价上涨率,财政收入只有名义增长,而不会有实际增长。如果实行的是定额税,在这种税制下,税收收入的增长总要低于物价上涨率,所以财政收入即使有名义增长,而实际必然是下降的。我国现行税制是以比例税率的流转税为主,同时过去对所得税的主要部分——国有企业所得税实行承包制,大体相当于定额税,因而某些年份在物价大幅上涨的情况下,财政收入出现名义上正增长而实际上负增长和当时的税制有极大的关系。

价格总水平的变动往往是和产品比价的变动同时发生的。而产品比价关系变动以另一种形式影响财政收入。产品比价关系变动之所以会影响财政收入,缘于两个原因:一是产品比价变动会引起货币收入在企业、部门和个人等各经济主体之间的转移,形成GDP的再分配,使财源分配结构发生变化;二是财政收入在企业、部门和个人之间的分布呈非均衡状态,或者说,各经济主体上缴财政的税利比例是不同的。这样,产品比价变化导致财源分布结构改变时,相关企业、部门和个人上缴的税利就会有增有减,而增减的综合结果就是对财政收入的最终影响。

(三)财政收入的合理规模

1.经验数据法。经验数据法是根据历史上各个年代、各个时期财政收入占国民收入(国内生产总值)的比例,及其与经济发展之间的相互关系,寻找一个合理的比例,然后再根据当前经济条件的变化,同时参考国外的相关数据和经验,确定一个合理的比重。

2.要素分析法。在国内生产总值一定的条件下,财政收入规模的大小,即财政收入占国内生产总值的比重的高低,也即财政负担率的高低,取决于以下两个因素:①剩余价值率即剩余价值占国内生产总值的比重;②财政集中率即财政收入占剩余价值的比重。要素分析法是对影响财政负担率的因素进行分析的方法。设国内生产总值为N,财政收入为F,剩余价值为M,财政负担率可用下列公式表示:

$$\frac{F}{N} = \frac{M}{N} \times \frac{F}{M}$$

(1)影响剩余价值率的因素:生产技术水平和劳动生产率的高低是决定剩余价值率高低的决定性因素。根据马克思的劳动价值学说,劳动者的劳动日可分为必要劳动时间和剩余劳动时间。在劳动日长短不变的情况下,提高劳动生产率就可以缩短必要劳动时间,延长剩余劳动时间,从而提高剩余价值率。因此,劳动生产率高低对全社会剩余价值率高低起决定作用。剩余价值率的高低还取决于国家的分配政策,即V的增长率,V是新创造的价值中归劳动者个人支配的部分。一般情况下,V的部分总是要随着生产的发展而不断提高,但V的增长率是有弹性的,只有在V的增长率低于劳动生产率的增长幅度时,剩余价值率才会提高。

(2)影响财政集中率的因素:对财政集中率高低起决定作用的是对经济部门实现的M的集中率。从企业看,就是企业的税负水平和国有企业税后利润上缴的比例,即国家的分配政策。而分配政策又服从于一定的分配制度和整个经济体制的需要。在实行高度集中的经济体制模式下,分配体制也必须是高度集中的。改革开放后,分配体制和分配政策逐步由高度集中转变为相对分散,与此相适应,财政收入占国内生产总值的比重出现一定程度的降低,也是合理的。

总之,财政收入规模是由多种因素综合制约的。因此,在现实财政实践活动中,就要坚持以效率标准和公平标准作为确定适度、合理的财政收入规模的标准。既要保证政府拥有行使其职能所需的足够财力,为企业和居民提供良好的公共服务,提高资源利用效率,矫正市场缺陷,维护社会公平,促进经济持续、稳定、协调发展,又要使企业得到自我发展、自我改造的资金保证,使人民生活水平能够随着经济发展不断得到改善和提高。

第三节 财政收入的构成和非税收入分析

一、我国财政收入构成分析

(一)我国公共预算收入的构成——税收收入与非税收入

按新的《政府收支分类科目》"收入分类科目"中列出的类级科目有税收收入、非税收入、债务收入、转移性收入、社会保险基金收入等,而非税收入款级科目中列举了专项收入、行政事业性收费收入、罚没收入、国有资本经营收入、国有资源(资产)有偿使用收入、捐赠收入、政府住房基金收入、政府性基金收入、专项债券对应项目专项收入、其他收入10项内容。其中,政府性基金收入和国有资本经营收入也已编制独立预算,其他非税收入则属于一般公共预算的内容。也就是说,我国的非税收入按管理方式不同也分为公共预算内和公共预算外两部分,而我国一般公共预算收入是由税收和非税收入两种形式组成的,税收是主要形式,非税收入是辅助形式。税收作为一个主要的财政收入范畴将设置多章详细加以阐述,但非税收入是税收不能替代的,具有本身的特殊性质和特殊作用,有必要进行专门的分析。这里我们首先分析国家预算经常性收入中的收费收入,而后再专门分析政府性基金收入。

(二)政府收费的性质和特殊作用

1.收费的性质。从理论上说,政府收费主要是使用费。按世界银行有关文件的说法,使用费是指为交换公共部门所提供特殊商品和服务而进行的支付。此外,政府收费还有少量的其他收费,如罚没收入和捐赠收入等。使用费实际上是政府模拟私人物品的定价方式收取的公共物品的费用,以便回收提供特殊商品和服务的全部或部分成本。使用费模拟市场价格但又不同于市场价格,因为政府对公共物品定价不能采取利润最大化原则,所以使用费一般不能全部弥补提供特殊商品和服务的成本。收费有时与税收难以截然区分,因为有时一项收入既可以采取税收形式也可以采取收费形式,如使用公路可以收取公路费,也可以征收燃油税。但二者也确实存在着差别,主要表现在四个方面:一是税收与政府提供的商品和服务没有直接联系,税收收入一般不规定特定用途,由政府统筹安排使用,而收费与政府提供的特定商品和服务有直接联系,专项收入专项使用;二是税收是作为政府一般的筹资手段,而收费往往是作为部门和地方特定用途的筹资手段;三是税收收入是政府的主要收入,必须纳入预算内统筹使用,而收费则可以有所不同,全国性收费一般纳入预算内,部门性收费或地方性收费可以作为预算外收入,按预算程序管理,形成政府性基金或由部门和地方自收自支;四是一般而言,税收的法治性和规范性强,有利于立法监督和行政管理,而收费的法治性和规范性相对较差,容易诱发滥收费现象,因而法治性不强的发展中国家应避免收费项目过多,并力求加强管理。

2.收费的特殊作用。既然税收与收费难以截然区分,那么政府为什么要采取收费形式呢?这首先是因为收取使用费在弥补市场失灵方面有特殊的作用。比如,假定某一工厂对周围的环境带来污染而又没有采取治理措施,那么它的私人成本将小于社会成本,获取额外利润,政府使用费可以定在等于甚至高于额外利润水平上,从而就可以运用经济手段迫使企业治理污染,或者政府运用这笔使用费来治理污染。其次,收取使用费有利于提高公共物品的配置效率。使用费遵循的是受益原则,谁受益谁支付,合情合理,同时吸收了价格机制的优点,至少要支付相当于成本水平的使用费,显示了提供特殊商品和服务的价格信息,有利于避免公共物品的过度需求,提高公共物品的配置效率。那么在某一项收入可以采取税收形式也可以采取收费形式的情况下,如何合理选择呢?这可以根据政策目标和效率原则进行抉择。比如,如果公路使用费不是在全国统一征收,即有的公路收取使用费,有的公路不收取使用费,就会产生车主选择不收费的公路,甚至绕道而行,在这种情况下,则选择征收燃油税更有效率;如果财政收入奉行受益原则,则选择使用费更为公平;如果奉行支付能力原则,则选择燃油税更为公平;如果为了防止诱发滥收费现象,无疑多采取税收形式更为恰当;等等。

二、政府性基金收入和国有土地使用权出让收入分析

(一)政府性基金收入

政府性基金是国家通过向社会征收以及出让土地、发行彩票等方式取得收入,专项用于支持特定基础设施建设和社会事业发展支出的一种基金。政府性基金收入按收入归属划分,分为中央收入、地方收入以及中央与地方共享收入。2017年,纳入政府性基金预算管理的财政资金共43项,属于中央收入的有铁路建设基金、民航发展基金、旅游发展基金、大中型水库移民后期扶持基金、三峡水库库区基金、中央特别国债经营基金财务收入、核电站乏燃料处理处置基金、可再生能源电价附加、船舶油污损害赔偿基金、废弃电器电子产品处理处置基金、烟草企业上缴专项收入11项;属于地方收入的有海南省高等级公路车辆通行附加费、散装水泥专项资金、新型墙体材料专项基金、新菜地开发建设基金、城市公用事业附加、国有土地使用权出让收入、国有土地收益基金、农业土地开发资金、城市基础设施配套费、小型水库移民扶助基金、车辆通行费、污水处理费12项;属于中央与地方共享收入的有农网还贷资金、港口建设费、国家电影事业发展专项资金、新增建设用地土地有偿使用费、南水北调工程基金、彩票公益金、国家重大水利工程建设基金、大中型水库库区基金、彩票发行机构和销售机构业务费、其他政府性基金收入10项。

政府性基金按照支出用途可分为以下7类:①用于交通基础设施建设,包括铁路建设基金、民航发展基金、港口建设费、农网还贷资金、海南省高等级公路车辆通行附加费、车辆通行费安排的支出6项;②用于水利建设,包括南水北调工程基金和国家重大水利工程建设基金2项;③用于城市维护建设,包括国有土地收益基金、城市基础设施配套费、城市公用事业附加、国有土地使用权出让收入、农业土地开发资金、新菜地开发建设基金、新增建设用地土地有偿使用费安排的支出7项;④用于教育、文化、体育等社会事业发展,包括旅游发展基金、地方教育附加、国家电影事业发展专项资金、彩票公益金安排的支出4项;⑤用于移民和社会保障,包括大中型水库移民后期扶持基金、大中型水库库区基金、小型水库移民扶助基金、三峡水库库区基金4项;⑥用

于生态环境建设,包括船舶油污损害赔偿基金、新型墙体材料专项基金、废弃电器电子产品处理基金、污水处理费、散装水泥专项资金5项;⑦用于其他方面,包括核电站乏燃料处理处置基金、中央特别国债经营基金财务支出、烟草企业上缴专项收入、可再生能源电价附加收入安排的支出和其他政府性基金支出5项。

政府性基金的管理方式是在一般公共预算之外编制政府性基金收支预算,是构成政府预算体系的重要组成部分。基金支出根据基金收入情况安排,自求平衡,不编制赤字预算。当年基金预算收入不足的,可使用以前年度结余资金安排支出;当年基金预算收入超出预算支出的,结余资金结转下年继续安排使用。各项基金按规定用途安排,不得调剂使用。编制政府性基金预算,对于提高政府预算的统一性和完整性,增强预算的约束力和透明度,更好地接受人大和社会监督,具有十分重要的意义。此后,财政部不断加大改革力度,政府性基金预算编制有较大程度的改进和提高,取得了明显的成效,包括以下几点内容:一是提高了预算完整性。在往年编制中央基金预算的基础上,新增编制了全国和地方基金预算,更加全面地反映了基金收支总量、结构和管理活动;二是细化了预算编制内容,更加细致地反映了基金收支的具体情况,中央基金支出预算全部编列到项级科目,并细化到具体支出项目,落实具体事项;三是提高了预算的准确性。根据经济形势变化、政策调整等因素,准确预测基金收入。按照"以收定支、专款专用"和"收支平衡、结余结转下年安排使用"的原则,合理安排基金支出,充分论证项目支出,保证项目可执行,提高基金收支预算编制的真实性、准确性;四是增强了预算透明度。在全国预算草案中增加了对每项基金征收使用政策的说明,使人大代表和社会各界充分了解预算数据的政策含义。在2010年十一届全国人民代表大会第三次会议后,首次将基金收支预算向社会公布,让社会了解和监督预算执行,此后逐年形成规范。

财政部认真总结基金预算编制经验,进一步完善基金预算制度,不断提高基金预算编制和管理水平,有以下几方面内容:一是控制基金规模。按照"正税清费"原则,清理到期的基金项目,结合资源税改革,研究用资源税取代或吸收相关基金项目,依法从严审批设立新的基金项目,严格控制基金规模;二是完善预算编制。按照科学化、精细化管理要求,进一步细化各项基金预算的收支科目,增强预算的约束力;推动相关部门建立健全基金预算支出项目库,做好具体支出项目的各项前期准备工作,提高基金预算的准确性;加强对补助地方资金的预算监督,严格控制代编预算和预留待分配资金规模,提高基金预算的规范性和透明度;三是推进与其他预算的相互协调。

2012年,全国政府性基金支出为36330.87亿元,同比下降9.1%,主要受国有土地使用权出让收入下降影响;国有土地使用权出让收入安排的支出为28608.46亿元,下降13.8%,其中,征地拆迁补偿等成本性开支为22881.84亿元(占国有土地使用权出让支出总额的80%),农业土地开发整理和农村基础设施建设等支出为1560.75亿元,教育支出为291.41亿元,农田水利建设支出为231.06亿元,保障性安居工程支出为594.2亿元,城市建设支出为3049.2亿元。

但是,2013年全国政府性基金收入为36756.15亿元,2014年全国政府性基金收入为47309.23亿元,2015年全国政府性基金收入为48873.38亿元,年均增速16%,且其中国有土地使用权出让金收入2014年、2015年又开始快速增长。因此,为了进一步规范管理政府性基金,降低企业包括个人的税费负担,也为了进一步提高政府的公信力,使政府在经济管理过程中能够以更加公开、公正、透明的方式来处理经济方面的事务,国务院要求进一步清理规范政府性基金。于是,2016年1月29日,按照国务院的决策部署,财政部会同有关部门研究制定了《清理规范政府性基金方案》。经过这一次的清理规范,基金项目由28项减少到23项。据测算,2016年将减轻企业和个人负担约260亿元。而保留下来的基金项目,则从以下几个方面进行规范管理。

第一,建立目录清单制度,将项目名称、设立依据、征收标准、征收期限等信息公布出来,让大家监督。目录清单之外的,不管是以什么名义出现的基金,企业、个人均有权拒绝缴纳。今后若相关政府性基金政策做出调整,都会在目录清单上及时更新,这样大家就可以非常清晰地知道有多少种、怎么征、征多少、用在什么地方。

第二,加强监督检查,及时发现和查处乱收费行为。通过设立电子邮箱、网络平台等多种方式,完善举报和查处机制。如果企业或者是个人发现有乱收费的现象,可以及时反映,财政部将会同有关部门及时查处和处罚乱收费、乱收基金的单位和个人。

第三,加强政府性基金和一般公共预算收入的统筹使用,政府性基金收入的使用和政府一般预算收入的使用在管理上、在公开透明上、在预决算的公开上都等同起来,可以非常清晰地了解收的这些钱做了哪些事情。

第四,引入第三方评估,加强基金使用效益的绩效评价。依据第三方评估得出的结论,政府可以做出判断,是保留或者取消,还是做出必要的调整,进一步完善相关政策。我们想达到的效果,一方面是要减轻企业的负担;另一方面主要还是规范政府的行为,使政府治理经济的过程、方式、能力能够更加公开、透明,同时也使财政性资金管理纳入统一、规范的轨道上来。

(二)国有土地使用权出让收入

土地出让收入是市、县人民政府依据《中华人民共和国土地管理法》《中华人民共和国城市房地产管理法》等有关法律法规和国家有关政策规定,以土地所有者身份出让国有土地使用权所取得的收入,主要是以招标、拍卖、挂牌和协议方式出让土地取得的收入,也包括向改变土地使用条件的土地使用者依法收取的收入、划拨土地时依法收取的拆迁安置等成本性的收入、依法出租土地的租金收入等。土地出让收入构成政府性基金收入的主体,2010年土地出让收入为29397亿元,同比增长106.4%,占政府性基金收入的81.4%;2012年土地出让收入为28892.3亿元,占政府性基金收入的77%。可见,土地出让收入的大幅增长,是政府性基金收入以及全口径财政收入过快增长的主要因素。

2007年之前,土地出让收入先纳入预算外专户管理,再将扣除征地补偿和拆迁费用以及土地开发支出等成本性支出后的余额缴入地方国库,纳入地方政府性基金预算管理。2007年,国家对土地出让收入管理制度进行了改革,将全部土地出让收入缴入地方国库,纳入地方政府性基金预算,实行"收支两条线"管理,与一般预算分开核算,专款专用。按现行政策规定,土地出让收入缴入国库后,市、县财政部门先分别按规定比例计提国有土地收益基金和农业土地开发资金,缴纳新增建设用地土地有偿使用费,余下的部分统称为国有土地使用权出让金。其中,计提的国有土地收益基金专项用于市、县土地收购储备,包括土地补偿费、安置补助费、地上附着物和青苗补偿费、拆迁补偿费以及前期土地开发支出,计提比例由省级人民政府确定。计提的农业土地开发资金(其中省级最高可以集中30%),专项用于农业土地开发,具体使用范围包括土地整理和复垦、宜农未利用地开发、基本农田建设以及改善农业生产条件等方面的土地开发。新增建设用地土地有偿使用费是国务院或省级人民政府在批准将农用地、未利用地转为建设用地时,向取得新增建设用地的市、县人民政府收取的费用,由市、县人民政府从土地出让收入中按规定标准向中央和省级缴纳。新增建设用地土地有偿使用费实行中央和省两级3:7分成,专项用于耕地开发、土地整理、基本农田建设和保护支出。国有土地使用权出让金主要用于征地拆迁补偿、土地开发、城乡基础设施建设、城镇廉租住房保障等支出。综合起来看,政府明确规定土地出让收入的使用范围包括以下几个方面:①征地和拆迁补偿支出,包括土地补偿费、安置补助费、地上附着物和青苗补偿费、拆迁补偿费;②土地开发支出,包括与前期土地开发相关的道路、供水、供电、供气、排水、通信、照明、土地平整等基础设施建设支出,以及与前期土地开发相关的银行贷款本息等支出;③补助被征地农民社会保障等支出;④农村基础设施建设支出,包括用于农村饮水、环境、卫生、教育以及文化等基础设施建设支出;⑤农业土地开发支出;⑥城市建设支出,包括城市道路、桥梁、公共绿地、公共厕所、消防设施等基础设施建设;⑦耕地开发、土地整理、基本农田建设和保护支出;⑧城镇廉租住房保障支出;⑨土地出让业务支出;⑩破产或改制国有企业土地出让收入用于职工安置等支出。

近年土地出让收入增长较快,社会媒体将地方财政过分依赖土地出让收入的现象称为"土地财政"。"土地财政"这个词体现出明显的贬义,有人则从土地管理制度改革的角度,认为土地财政的弊端越来越明显,理应退出历史舞台。当然,土地管理制度的进一步改革是应当探讨的,但当前还是应该在现行管理制度的前提下对土地出让收入进行实事求是的分析。

我国现行的土地制度是土地国有制和集体所有制,私人不得买卖,政府是国有土地的代表者并兼土地经营者,有偿转让使用权。土地出让收入是政府转让土地使用权所取得的收入,因而土地出让收入纳入国库,成为财政收入的一部分是天经地义的事情。政府向房地产企业提供土地,促进房地产业的发展并带动经济的增长,创造良好的政绩,而且可以增加政府收入,这是应当肯定的。土地是一种不可再生的资源,我国人口众多,土地稀缺,土地问题的核心是旺盛的需求与有限供给的矛盾。我国能够出让的土地的量是限定的,所以土地一旦投入市场,必然长期是卖方市场的一种特殊商品,需求过旺,价格趋高,而且随着土地需求的日益增长,价格上升也是必然的,这个矛盾不是什么管理制度所能改变的。当前出让土地主要是采取"招拍挂"方式,80%以上的土地出让收入来自"招拍挂"。而土地拍卖价格是竞拍形成的,甚至形成"地王"抢拍,说明土地价格虽高,开发商还是有利可图的,如果拍卖市场是公开、公正和透明的,拍卖程序是正常的,那么从市场供求关系的角度看也是无可非议的。

近年土地出让收入增长较快是多种原因形成的,其中起决定作用的是两个原因:一是土地供应规模加大,如2010年国土管理部门审核批准的土地供应量比上年大幅度增加,总量达到42.82万公顷,同比增长34.2%,这是土地出让收入大幅增长的基础性原因;二是以"招拍挂"形式提供的商业用地和商品房用地的比重增大,出让价格升高,以"招拍挂"形式出让的土地达25.7万公顷,占土地供应总面积的60%,出让土地的收入达到2.6万亿元,占全部土地出让收入的88%。显然,土地供应是因,土地出让收入是果,所以,问题的核心不在于为什么土地出让收入增长得那么快,而在于应当从执行国家政策的角度考察是否符合国家土地管理政策。

我国土地资源总量丰富但人均贫乏,随着人口的增加和经济的发展,土地资源供需矛盾日趋尖锐,形势严峻。一方面,我国耕地面积大量减少,土地退化;另一方面,土地利用粗放,利用率与产出率低,浪费土地的情况十分严重。因此,党中央、国务院将"十分珍惜、合理利用土地和切实保护耕地"立为我国的基本国策,明确写进了《中华人民共和国土地管理法》。科学、合理地利用土地资源,确保我国人民生活和生产对土地特别是耕地的需求,是我国实现可持续发展的基础。居民住房的土地供应是必需的,但供应土地的量是有限的,土地供应政策是以有限的土地供应实现居者有其屋的总目标。土地出让收入既是一项财政收入,也是三个重要的政策杠杆,而某些地方政府往往为了创造高政绩,违背土地管理政策,把增加土地出让收入作为主要目标。比如,在城市,热衷于商品房的开发,忽视普通老百姓住房的保障,因为保障性住房用地采取划拨办法,只收取一部分土地出让的成本和转移性费用,拿不到那么多的收入。开发商囤积倒卖土地,而建保障房的用地却无保证,投入的资金短缺,如2009年全国土地出让支出12327亿元中仅有1.5%(185亿元)用于廉租住房建设;在农村,征购土地没有给予足够的补偿,廉价征购,高价卖出,最近又出现了以"耕地增减挂钩"的名义展开撤村增地的举动,都是严重损害农民切身利益的违纪行为。为什么"招拍挂"成交价格那么高?因为土地供应有限,更主要是因为需求过旺,有那些由银行充分供应资金的大垄断企业参与和操纵。因此必须严格执行大型国有企业退出土地市场的方针,防止一手从农民那里廉价得到土地,另一手又高价卖给开发商。而宽马路、大广场表现出自己的所谓政绩,这又同官员的考核制度有关。这里所说的官员考核制度,据我们理解,正是政府违规行为和政策偏差的根源。因此,必须责令各地方政府严格执行国家土地政策,严格执行有关土地出让以及土地出让收入使用的规定,制止为了创造"政绩"而肆意出让土地来增加财政收入的短期行为。

第三章 转移性支出

第一节 转移性支出概述

一、转移性支出的含义

转移性支出是相对购买性支出而言的，它是财政支出的另一个重要组成部分，体现出政府的非市场性再分配活动，能够缩小贫富差距，提高公共消费水平，间接调节经济和优化资源配置。[1]在西方国家，转移性支出在财政总支出中位居第一，在经济发展、社会稳定等方面发挥着不可估量的作用。

转移性支出是指政府按照一定的方式，把一部分财政资金无偿地、单方面地转移给居民和其他受益者的支出。与购买性支出不同的是，通过转移性支出，政府部门并不直接占有、消耗社会经济资源，它主要是作为收入分配的一个工具。

转移性支出包括养老金、救济金、各种补助（补贴）、抚恤、捐赠支出等。根据转移性支出的受益性不同，转移性支出可以分为直接转移和间接转移。前者主要指社会救济、社会保险、对消费者的补贴等，后者则指一些对企业、农业生产者的补贴等。在直接转移的情况下，转移性支出的支付对象成为直接受益者，政策选择明确；而在间接转移的情况下，支出的归宿很难确定，其对经济的影响也是不确定的。在收入分配的理论分析中，通常是侧重于直接性质的转移性支出。

---

[1]郭庆旺，陈志刚，温新新，等. 中国政府转移性支出的收入再分配效应[J]. 世界经济，2016(8):19.

二、转移性支出的内容

(一)社会保险支出

社会保险支出是指财政用于社会保险方面的支出。社会保险支出是与社会保险制度联系在一起的。

(二)财政补贴

财政补贴是一国政府根据一定时期的社会经济形势及方针政策,为达到特定的目的,对指定的事项由财政安排的专项资金补助支出。[①]作为一种转移性支出,财政补贴支出与社会保险支出有很多相似性。

(三)税收支出

税收支出是国家为了引导、扶持某些经济活动,刺激投资、消费或者补助某些特殊困难群体而制定的各种税收优惠措施。其实质是政府以特殊的法律条款规定的、给予特定类型的活动或纳税人以各种税收优惠待遇而形成的收入损失或放弃的收入。税收支出是政府的一种间接性支出。

(四)其他转移性支出

1.外援支出。外援支出是指政府财政用于援助其他国家或国际组织的项目上的各种支出。在当代国际社会中,国与国之间的政治经济联系日益密切,对外交流日益增加,外援支出已成为一国转移性支出中的一项重要内容。

2.债务利息支出。债务利息支出是指政府财政用于偿还国内公债和国外借款的还本付息支出。债务利息支出属于转移性支出范畴。

三、转移性支出的经济影响

(一)社会公平的作用

从转移性支出的性质看,转移性支出代表着经济资源经由财政之手,从经济社会中的某一个部门、集团、个人转移到另一个部门、集团、个人手中,因此,它影响和改变着社会成员之间的收入分配状态。转移性支出的重要组成部分——社会保险支出,就是政府直接作用于社会公平问题的产物。从

[①] 喻贞,胡婷,沈红波.地方政府的财政补贴:激励创新抑或政策性负担[J].复旦学报:社会科学版,2020,62(6):9.

转移性支出的另一个主要部分——财政补贴来看,对居民的直接消费补贴毫无疑问会改变原有的收入分配状况;对生产者和经营者的补贴,其目的主要是为了促进资源配置的帕累托改进,但也是通过收入分配的改变来进行的:通过税收取得补贴资金来源,再经过财政补贴形式转移到享受补贴的生产者或经营者手中,完成收入从纳税人手中向接受补贴的企业的转移。当然,这种收入分配的效应也许是负的。

(二)经济稳定和增长的作用

转移性支出的另一个特点在于它能够对社会经济总体,包括需求、供给、消费、投资产生影响。转移性支出的相当部分会通过种种途径直接或间接转化为私人消费支出和私人投资支出。对居民的转移性支出,会直接转化为居民的可支配收入,从而依据居民的边际消费倾向的大小而形成消费需求。对企业的转移性支出,会增加企业的可支配收入,部分形成企业的投资支出,部分通过增加资本和劳动力的报酬而转化为居民个人的可支配收入,从而进一步增加私人消费需求。这样,就使得转移性支出对社会总需求的形成造成影响,政府可以通过转移性支出规模的变动来刺激总需求。而转移性支出制度与累进所得税相结合,对社会总需求起着"自动稳定器"的作用。

从社会总供给的角度来说,转移性支出主要通过对需求的影响而影响社会供给。无论是对居民还是对企业的转移性支出,它最终都要转化为购买,由此间接地影响生产的规模,只不过这种形式的影响,要在转移性支出的受益者进行购买后才发生作用。

因此,转移性支出在作为政策工具使用时可以影响宏观经济总量,调节国民收入的增加和经济周期,这种作用集中体现在支出乘数方面,即一定量的财政支出的增加可能引起的国民收入增加的倍数,但是,就转移性支出与购买性支出比较而言,转移性支出乘数小于购买性支出乘数,因为政府对商品和劳务的购买是总需求和国内生产总值的直接组成部分,而转移性支出则要使购买力转移到受益人手中后才发生对收入增加的效应。

第二节 社会保险支出

一、社会保险支出的性质

在人类社会延续和发展的长河中,随着社会生产力的不断提高和物质财富的不断增加,个人的生活质量也在不断提高,相应的社会公共需要的内涵和范围也在不断扩展,从而满足社会成员的多方面需要,保证有一个安定的社会环境。劳动者除了应享有付出一份劳动得到一份报酬的权利之外,当他们因种种社会的甚至是个人的原因不能就业或暂时不能就业时,还应享有得到一份能满足自己及其所赡养家庭人口最低生活需要的收入的权利;劳动者在工作时,需要劳动保护;劳动者可能生病、伤残,乃至死亡,发生这些情况时,需要医疗、护理、照顾或者善后;劳动者的子女有得到起码的教育的权利,他们自己也有必要随着科技进步和社会分工的发展,不断地接受职业和文化的再教育;劳动者退出劳动岗位后,有权得到社会的照顾,安度晚年——如此等等,都属于必须由政府和社会妥善安排的社会保障的范围。赈济饥民,补助急难,是任何社会都有过的社会抚恤措施,但若不是系统而规范地实施,便不能称其为社会保险制度。所谓社会保险制度,是指由法律规定的、按照某种确定的规则实施的社会保障政策和措施的体系。社会保险既然是社会性事业,那么政府介入是其一项义不容辞的职责。政府介入,一方面是出于弥补市场的失灵和缺陷;另一方面可以减少实施成本,增强抵抗风险的能力,还可以运用社会保障调节经济的运行。所以,社会保险支出是一种转移性支出,也是一项民生性支出。

有人对社会保险支出属于转移性支出存在疑惑。他们认为,转移性支出属于政府的无偿支出,是与购买性支出相对应的。人们在享受社会保障时,是已经缴纳了社会保险相关费用的,所以若将民众作为一个整体来看的话,社会保障是取之于民,用之于民的一类支出。这种观点是从民众角度分析财政收支行为,并没有从政府角度分析。从政府角度看,政府收缴社会保障费与征缴税收没有任何差别,而当政府提供社会保障时,相应的支出并没有直接的商品和服务的回报,符合转移性支出的属性。

二、政府介入的理由

(一)弥补市场失灵(收入分配不公)

市场经济体制下的社会保险制度必须由政府来组织实施,第一个理由就是弥补市场机制的失灵。市场经济是一种效率型经济,可以使社会经济资源得到有效的配置,这也是市场为人们称道的原因。然而,市场经济也存在种种缺陷,其中之一就是市场的分配机制必然拉大社会成员之间的收入差距,出现分配不公,甚至使一部分人最终在经济上陷入贫困。市场分配承认个人对财产的占有和劳动者个人天赋与能力的差别。从经济角度看,这种分配机制可以刺激人们不断开拓创新,勇于进取,对于提高经济效率是有益的。但从社会角度看,这种分配机制会使劳动能力的弱者以及丧失就业机会和丧失劳动能力的老弱病残者,在激烈的竞争中遭到无情的歧视和排斥。所以,市场分配机制所形成的收入差距保持在一定限度内,是合理的,也有利于提高经济效率。而一旦超过合理的限度,是社会所不能接受的,也不利于经济效率的提高。在现代经济社会下,人们已达成一种共识,即人的生老病死以及人们的最低生活需要是不应当由市场来决定的,或者说,市场的决定不应该是最终的,政府应该在其中有所作为。在市场经济体制下,政府虽然不能通过行政手段在初次分配领域干预收入分配,但可以采取收入再分配措施来缩小人们之间的收入差距,矫正市场分配的不公。正如有学者所说:"社会虽然不能制止老天下雨,但却可以制造雨伞。"这里的"下雨",是指人们的收入差距的拉大,而"雨伞"则是指政府的社会保险制度。从政府实施收入再分配的手段来看,税收固然是一个重要工具,如通过开征累进的所得税和财产税,可以把高收入者的一部分收入征收上来,限制收入差距的扩大。但只有税收手段还是不够的,因为税收只能使高收入者"穷"一些,而不能使低收入者"富"一些,更不能从根本上解决低收入者的生活保障问题。所以,政府要实施收入再分配还必须使用财政支出手段,即通过财政支出,向低收入或无收入者转移收入,这样才能使低收入阶层有一个基本的生活保障。

(二)弥补市场失灵(信息不对称)导致的私人保险市场提供不足

必须由政府实施社会保险制度的第二个理由,就是私人保险或商业保险由于存在种种局限,不可能完全向人们提供基本保障。商业保险市场的局限性主要表现在:一是由于私人保险市场存在逆向选择和道德风险问题,会导致私人保险市场失灵。比如,个人所面临的风险水平是不同的,如果保险费率按平均风险水平确定,则低风险的个人就会选择退出保险计划,这将使保险计划不得不再次提高保险费率,其结果必然会使更多的低风险个人脱离保险计划。逆向选择问题又是由信息不对称造成的,即每个个人都可以把握自己的风险程度,而保险公司却只能掌握并不完全的信息,如果保险公司根据所观察到的平均风险程度来确定保费,就有可能发生低风险个人向高风险个人转移收入的再分配,这样低风险者就会退出私人保险计划。一旦出现了这种逆向选择问题,私人保险市场也就很难单纯向高风险的个人提供保险。另外,由于加入了私人保险,个人就可能淡薄了风险防范意识,甚至可能出现故意制造受保事故的道德风险问题。二是商业保险无法解决个人储蓄不足以及"免费搭车"的问题。比如,社会上难免存在一些短视的个人,他们过分注重工作期的消费,而忽视为自己的养老进行储蓄;尽管有私人养老保险市场,他们也可能不会自愿地选择养老保险,而进入老龄时期则会给社会和国家增添负担,借助于"免费搭车"。这种现象实际上是一种储蓄的道德风险问题。为此,政府就有必要制订一种强制性的养老保险计划,让每个年轻人都参加进来,保证每个公民老有所养。三是商业保险市场难以抗御系统性风险。比如,高通货膨胀时期养老金会发生贬值,而且每个投保人遭受通货膨胀损失的程度是不同的,显然,商业保险公司抵御养老金遭受损失的能力是比较弱的,也不能将损失在个人之间进行风险分摊,而政府却可能保证养老金的实际价值,使受保人免受损失。四是私人保险市场无法进行有目的的收入再分配。比如,商业意外保险只能在发生意外事故与没有发生意外事故的受保人之间进行再分配,商业养老保险只能在长寿者与短寿者之间进行再分配,而政府的养老保险则可以通过种种措施实现高收入受保人与低收入受保人之间的收入再分配(又称事先再分配)。

(三)具有"内在稳定器"的作用

必须由政府实施社会保险制度的第三个理由,就是在市场经济体制下社会保障制度还具有"内在稳定器"的作用。由于社会保障的各个方面都是制度化的,社会保障的收支(特别是支出)便与财政收支以及国民经济的运行构成某种函数关系。基于这种联系,社会保险支出随经济周期而发生的反向变化,可能弱化经济周期的波幅。经济学家津津乐道的社会保险支出的"内在稳定器"作用,也就是在经济繁荣的年代,失业准备基金不但增长,而且还对过多的支出施加稳定性的压力;相反,在就业较差的年份,失业准备基金使人们获得收入,以便维持消费数量和减轻经济活动的下降。

三、我国现有社会保险的结构

(一)养老保险

我国现有养老保险制度经过多轮博弈,形成了集合党政机关、事业单位和城镇企业职工的统一养老保险制度与集合城镇居民养老保险(城居保)和新型农村社会养老保险(新农保)的城乡养老保险制度两大类型。

统一养老保险制度中,一般规定:个人缴纳基本工资的8%,企业缴纳基本工资的20%。其中,个人缴纳的8%进入个人账户,企业缴纳的20%进入社会统筹账户。但是由于各省情况不同,这一比例也有所区别和变化。《社会保险法》第16条第1款规定:参加基本养老保险的个人,达到法定退休年龄时累计缴费满15年的,按月领取基本养老金。根据这项规定,按月领取基本养老金必须同时符合两个条件:一是达到法定退休年龄;二是累计缴费满15年。参加工作、个人缴费年限累计满15年的人员,退休后按月发放基本养老金。基本养老金由基础养老金和个人账户养老金组成。退休时的基础养老金月标准以当地上年度在岗职工月平均工资和本人指数化月平均缴费工资的平均值为基数,缴费每满1年发给1%。个人账户养老金月标准为个人账户储存额除以计发月数。

根据《国务院关于开展城镇居民社会养老保险试点的指导意见》,城镇居民养老保险基金主要由个人缴费和政府补贴构成。

1.个人缴费。参加城镇居民养老保险的城镇居民应当按规定缴纳养老保险费。缴费标准设为每年100元、200元、300元、400元、500元、600元、700

元、800元、900元、1000元、1500元、2000元12个档次，地方人民政府可以根据实际情况增设缴费档次。参保人自主选择档次缴费，多缴多得。国家依据经济发展和城镇居民人均可支配收入增长等情况适时调整缴费档次。

2.政府补贴。政府对符合领取条件的参保人全额支付城镇居民养老保险基础养老金。其中，中央财政对中西部地区按中央确定的基础养老金标准给予全额补助，对东部地区给予50%的补助。地方人民政府应对参保人员缴费给予补贴，补贴标准不低于每人每年30元；对选择较高档次标准缴费的，可给予适当鼓励，具体标准和办法由省（区、市）人民政府确定。对城镇重度残疾人等缴费困难群体，地方人民政府为其代缴部分或全部最低标准的养老保险费。

3.鼓励其他经济组织、社会组织和个人为参保人缴费提供资助。养老金待遇由基础养老金和个人账户养老金构成，支付终身。中央确定的基础养老金标准为每人每月55元。地方人民政府可以根据实际情况提高基础养老金标准，对于长期缴费的城镇居民，可适当加发基础养老金，提高和加发部分的资金由地方人民政府支出。个人账户养老金的月计发标准为个人账户储存额除以139（与现行职工基本养老保险及新农保个人账户养老金计发系数相同）。参保人员死亡，个人账户中的资金余额，除政府补贴外，可以依法继承；政府补贴余额用于继续支付其他参保人的养老金。

(二)医疗保险

医疗保险分为新型农村合作医疗、城镇居民医疗保险和城镇职工基本医疗保险。

1.城镇职工基本医疗保险。城镇职工基本医疗保险是我国医疗保险的组成（城镇职工医疗保险、城镇居民医疗保险、新型农村合作医疗）之一，是为补偿劳动者因疾病风险遭受经济损失而建立的一项社会保险制度。通过用人单位和个人缴费，建立医疗保险基金，参保人员患病就诊发生医疗费用后，医疗保险经办机构给予一定的经济补偿，以避免或减轻劳动者因患病、治疗等所承受的经济风险。基本医疗保险基金由统筹基金和个人账户构成。职工个人缴纳的基本医疗保险费，全部计入个人账户。用人单位缴纳的基本医疗保险费分为两部分，一部分用于建立统筹基金，一部分划入个人账户。划入个人账户的比例一般为用人单位缴费的30%左右,具体比例由统筹地区根据个人账户的支付范围和职工年龄等因素确定。统筹基金和个人账户要划定各自的支付范围,分别核算,不得互相挤占。要确定统筹基金的起付标准和最高支付限额。起付标准原则上控制在当地职工年平均工资的10%,最高支付限额原则上控制在当地职工年平均工资的4倍。起付标准以下的医疗费用,从个人账户中支付或由个人自付。起付标准以上、最高支付限额以下的医疗费用,主要从统筹基金中支付,个人也要负担一定比例。超过最高支付限额的医疗费用,可以通过商业医疗保险等途径解决。统筹基金的具体起付标准、最高支付限额以及在起付标准和最高支付限额以下医疗费用的个人负担比例,由统筹地区根据以收定支、收支平衡的原则确定。

2. 城镇居民医疗保险。不属于城镇职工基本医疗保险制度覆盖范围的中小学阶段的学生、少年儿童和其他非从业城镇居民都可自愿参加城镇居民基本医疗保险。关于筹资水平,试点城市应根据当地的经济发展水平以及成年人和未成年人等不同人群的基本医疗消费需求,并考虑当地居民家庭和财政的负担能力,恰当确定筹资水平。探索建立筹资水平、缴费年限和待遇水平相挂钩的机制。关于缴费和补助,城镇居民基本医疗保险以家庭缴费为主,政府给予适当补助。参保居民按规定缴纳基本医疗保险费,享受相应的医疗保险待遇,有条件的用人单位可以对职工家属参保缴费给予补助。国家对个人缴费和单位补助资金制定税收鼓励政策。对试点城市的参保居民,政府每年按不低于人均40元给予补助。在此基础上,对属于低保对象的或重度残疾的学生和儿童参保所需的家庭缴费部分,政府原则上每年再按不低于人均10元给予补助,其中中央财政对中西部地区按人均5元给予补助;对其他低保对象、丧失劳动能力的重度残疾人、低收入家庭60周岁以上的老年人等困难居民参保所需家庭缴费部分,政府每年再按不低于人均60元给予补助,其中中央财政对中西部地区按人均30元给予补助。中央财政对东部地区参照新型农村合作医疗的补助办法给予适当补助。财政补助的具体方案由财政部门与劳动保障、民政等部门研究确定,补助经费要纳入各级政府的财政预算。关于费用支付,城镇居民基本医疗保险基金重点用于参保居民的住院和门诊大病医疗支出,有条件的地区可以逐步试行门诊医疗费用统筹。城镇居民基本医疗保险基金的使用要坚持以收定支、收支平衡、略有结余的原则。要合理制定城镇居民基本医疗保险基金起付标准、支付比例和最高支付限额,完善支付办法,合理控制医疗费用。探索适合困难城镇非从业居民经济承受能力的医疗服务和费用支付办法,减轻他们的医疗费用负担。城镇居民基本医疗保险基金用于支付规定范围内的医疗费用,其他费用可以通过补充医疗保险、商业健康保险、医疗救助和社会慈善捐助等方式解决。

3.新型农村合作医疗。新型农村合作医疗简称"新农合",是指由政府组织、引导、支持,农民自愿参加,个人、集体和政府多方筹资,以大病统筹为主的农民医疗互助共济制度。采取个人缴费、集体扶持和政府资助的方式筹集资金。2015年1月29日,国家卫计委、财政部印发《关于做好2015年新型农村合作医疗工作的通知》,提出各级财政对"新农合"的人均补助标准在2014年的基础上提高60元,达到380元。农民个人缴费标准在2014年的基础上提高30元,全国平均个人缴费标准达到每人每年120元。积极探索建立与经济发展水平和农民收入状况相适应的筹资机制,逐步缩小城乡基本医保制度筹资水平差距。合理调整新农合统筹补偿方案,将政策范围内门诊和住院费用报销比例分别提高到50%和75%左右。以省（自治区、直辖市）为单位统一制定"新农合"报销药品目录和诊疗项目目录,建立、完善目录动态调整机制。严格控制目录外费用占比,缩小政策报销比和实际报销比之间的差距。加强门诊与住院补偿方案的衔接,适当提高门诊手术、日间手术等门诊诊疗的报销比例,合理设置住院起付线或低费用段报销政策,控制门诊转住院行为。将符合条件的村卫生室、非公立医疗机构、养老机构的内设医疗机构等纳入"新农合"定点范围,满足群众多样化需求。

（三）失业保险

失业保险是指国家通过立法强制实行的,由社会集中建立基金,对因失业而暂时中断生活来源的劳动者提供物质帮助,进而保障失业人员失业期间的基本生活,促进其再就业的制度。在我国,企业缴纳基本工资的2%,个人缴纳1%,领取失业保险金时间最长为2年。在我国,失业人员在满足三个条件后,方可享受失业保险待遇:非因本人意愿中断就业;已办理失业登记,并有求职要求;按照规定参加失业保险,所在单位和本人已按照规定履行缴费义务满1年。待遇内容主要涉及以下几个方面:①按月领取的失业保险金,即失业保险经办机构按照规定支付给符合条件的失业人员的基本生活费用;②领取失业保险金期间的医疗补助金,即支付给失业人员领取失业保险金期间发生的医疗费用的补助;③失业人员在领取失业保险金期间死亡的丧葬补助金和其供养的配偶、直系亲属的抚恤金;④为失业人员在领取失业保险金期间接受职业培训、职业介绍的补贴,帮助其再就业。

(四)工伤保险

工伤保险,又称职业伤害保险。是指劳动者在工作中或在规定的特殊情况下,遭受意外伤害或患职业病导致暂时或永久丧失劳动能力以及死亡时,劳动者或其遗属从国家和社会获得物质帮助的一种社会保险制度。工伤保险认定的劳动者因工负伤或职业病暂时失去劳动能力,都享有社会保险待遇,即补偿不究过失原则。这种补偿既包括医疗、康复所需费用,也包括保障基本生活的费用。用人单位应当按时缴纳工伤保险费。职工个人不缴纳工伤保险费。2016年5月1日起,各地贯彻落实国务院2015年关于降低工伤保险平均费率0.25个百分点和生育保险费率0.5个百分点的决定和有关政策规定,确保政策实施到位。我国将劳动功能障碍分为10个伤残等级,最重的为一级,最轻的为十级。工伤保险待遇按照10个等级支付。如职工因工致残被鉴定为一级至四级伤残的,保留劳动关系,退出工作岗位,享受以下待遇:从工伤保险基金中按伤残等级支付一次性伤残补助金,标准为:一级伤残为27个月的本人工资,二级伤残为25个月的本人工资,三级伤残为23个月的本人工资,四级伤残为21个月的本人工资;从工伤保险基金中按月支付伤残津贴,标准为:一级伤残为本人工资的90%;二级伤残为本人工资的85%;三级伤残为本人工资的80%,四级伤残为本人工资的75%。伤残津贴实际金额低于当地最低工资标准的,由工伤保险基金补足差额;工伤职工达到退休年龄并办理退休手续后,停发伤残津贴,按照国家规定享受基本养老保险待遇,基本养老保险待遇低于伤残津贴的由工伤保险基金补足差额。

(五)生育保险

生育保险是通过国家立法规定,在劳动者因生育子女而导致劳动力暂时中断时,由国家和社会及时给予物质帮助的一项社会保险制度。我国生育保险待遇主要包括两项:一是生育津贴;二是生育医疗待遇。其宗旨在于通过向职业妇女提供生育津贴、医疗服务和产假,帮助他们恢复劳动能力,重返工作岗位。职工享受生育保险待遇,应当同时具备下列条件:用人单位为职工累计缴费满一年以上,并且继续为其缴费;符合国家和省人口与计划生育规定。费用缴纳:用人单位按照国家规定缴纳生育保险费,职工不缴纳生育保险费。北京生育保险缴费比例为:企业按照职工缴费基数的0.80%缴纳生育保险费;广州生育保险缴费比例为:企业按照职工缴费基数的0.85%缴纳生育保险费。生育保险享受范围:一般规定为生育医疗费。女职工生育的检查费、接生费、手术费、住院费和药费由生育保险基金支付。超出规定的医疗业务费和药费(含自费药品和营养药品的药费)由职工个人负担。女职工生育出院后,因生育引起疾病的医疗费,由生育保险基金支付;其他疾病的医疗费,按照医疗保险待遇的规定办理。女职工产假期满后,因病需要休息治疗的,按照有关病假待遇和医疗保险待遇规定办理。女职工依法享受产假期间的生育津贴,按本企业上年度职工月平均工资计发,由生育保险基金支付。

四、财政部门对社会保险的投入

首先,对各项基金的经费支持。如基本养老保险基金由用人单位和个人缴费以及政府补贴等组成,基本养老保险基金出现支付不足时,政府给予补贴。城镇居民基本医疗保险实行个人缴费和政府补贴相结合。新型农村社会养老保险实行个人缴费、集体补助和政府补贴相结合。享受最低生活保障的人、丧失劳动能力的残疾人、低收入家庭60周岁以上的老年人和未成年人等所需个人缴费部分,由政府给予补贴。国有企业、事业单位职工参加基本养老保险前,视同缴费年限期间应当缴纳的基本养老保险费由政府承担等。

其次,由中央财政拨款设立全国社会保障基金。由中央财政预算拨款以及国务院批准的其他方式筹集的资金,设立全国社会保障基金,用于社会保障支出的补充、调剂。全国社会保障基金由全国社会保障基金管理运营机构负责管理运营,在保证安全的前提下实现保值增值。

再次,建立社会保险基金预算,补贴社会保险基金预算支付的不足。建立社会保险基金预算,通过预算实现收支平衡,县级以上人民政府在社会保险基金出现支付不足时,给予补贴。社会保险基金存入财政专户,具体管理办法由国务院规定。

综观世界各国的社会保险制度,社会保险基金的筹集有两种方式:一是开征社会保险税;二是实行收(缴)保险费制度。社会保险税是国家税制的一个税种,一旦开征社会保险税则全部社会保险收支将纳入国家一般预算。我国虽然建立了社会保险基金预算,但因为没有开征社会保险税,社会保险收支并没有全部纳入一般预算,在《政府收支分类科目》的一般预算收支科目中,没有社会保险基金的收入科目,只是在一般预算支出科目中设置了一个"社会保障和就业"类级科目。该科目包括对社会保险基金的补助(含基本养老保险、失业保险、基本医疗保险、工伤保险和生育保险)、对新型农村养老保险基金的补助(含其他社会保险)、补充全国社会保障基金,还包括非缴费型的社会福利和救济等支出,如行政事业单位离退休经费、企业改革补助、就业补助、抚恤支出、退役安置支出、社会福利支出,以及人力资源和社会保障管理事务支出、民政管理事务支出。

我国近年来为了支持社会保险事业的改革和发展,加大了财政支持的力度,财政的社会保险支出和社会保险基金规模迅速增长,2016年社会保险总支出达4.65万亿元,占公共财政支出的比重为19.63%。

第三节 财政补贴

一、财政补贴的概念和分类

(一)禁止性的补贴

《补贴与反补贴措施协议》第3条规定:"法律或事实上根据出口实绩为唯一条件或其他多种条件之一而给予的补贴,视使用国产货物而非进口货物的情况为唯一条件或其他多种条件之一而给予的补贴,为禁止性补贴。"概括起来,禁止性的补贴包括出口补贴和进口替代补贴两类。禁止性的财政补贴一旦被证实存在,无须证明其是否对其他成员方造成损害或损害威胁,都必须取消,否则会招致其他成员实施的经WTO争端解决机构授权的反补贴措施或征收反补贴税。

(二)可诉补贴(又称"黄箱"补贴)

可诉补贴是指在一定范围内可以实施的补贴,但如果使用此类补贴的成员方在实施过程中对其他成员方的经济利益造成了不利影响,则受损的成员方可以向使用此类补贴的成员方提起申诉。因此,《补贴与反补贴措施协议》第5条、第6条对使用可诉补贴的"度"做出了具体界定,即使用可诉补贴不能造成以下任何情况发生:①取代或阻碍另一成员方的产品进口;②取代或阻碍另一成员方对第三成员方的出口;③补贴的后果造成大幅度削价、压价或销售量减少;④实施补贴后的商品在国际市场上的份额增加。可诉补贴并不一定意味着必须取消,一般来说只有同时具备下列三个条件,该种可诉补贴才需要被取消:一是该种补贴必须具有专向性——企业专向性、产业专向性和地区专向性;二是该种补贴必须被某个成员方起诉;三是该补贴必须被证明对其他成员方造成了实质损害或实质损害威胁。

(三)不可诉补贴(又称"绿箱"补贴)

这主要包括不具有专向性的补贴、给予基础研究的援助性补贴、给予贫困地区的补贴、为适应新环境而实施的补贴,以及用于鼓励农业研究开发等方面的补贴。

二、财政补贴影响经济的机理和效应

(一)财政补贴影响经济的机理分析

1.财政补贴可以改变需求结构。财政补贴在各国都被当作一种重要的调节经济的手段。之所以有这种作用,是因为它可以改变相对价格结构,且首先是可以改变需求结构。人们的需求客观上有一个结构,决定这个结构的因素主要有两个:一是人们所需要的商品和服务的种类;二是各种商品和服务的价格。一般来说,商品和服务的价格越低,需求就越大;商品和服务的价格越高,需求就越小。居民对消费品的需求以及企业对投入品的需求,莫不如此。既然价格的高低可以影响需求结构,那么能够影响价格水平的财政补贴便有影响需求结构的作用。

2.财政补贴还可以改变供给结构。财政补贴可以改变供给结构的作用,是通过改变企业购进的产品价格(供给价格或销售价格加补贴),从而改变企业盈利水平而发生的。众所周知,在我国的供给结构中,农产品的供给曾有过若干次反复。探究一下反复的原因就不难发现,农产品供给状况改善的时候,总是政府向农业部门提供补贴或增加农业部门补贴的时候。提高农产品价格补贴,使从事农业生产有利可图,农产品供给自然增加,而农产品的增加对改善我国的供给结构有着举足轻重的作用。在我国的煤炭生产上,同样也看到补贴可以起到调整供给的作用。前些年因为通货膨胀的影响,煤炭部门的生产处于十分不利的地位。为此,政府增加了对煤炭部门的补贴,煤炭生产便有了转机。现代经济已经进入知识经济时代,科技进步成为经济发展的重要动力,因而各国都将财政补贴更多地用于科学研究和高新技术的开发,推动基础科研,改造传统产业,发展新兴产业。这种财政补贴对调整产业结构和产业升级的显著作用已经成为人们的共识,并且得到广泛的应用。

3.将外部效应内在化。对科学研究的补贴就是矫正外部效应的一个典型例证。一般来说,应用科学研究和高新技术开发由私人部门承担更有效率。然而任何一项有突破性的应用科学研究和高新技术开发成果都会对诸多领域产生影响,比如电子研究与开发的投入颇多,但成功率却很低,而且从事研究、开发的机构和个人不可能获得全部的收益,而财政给予补贴,可以降低研究与开发成本,缓解风险,实际是将外部效应内在化,从而推进研究与开发的开展。

(二)财政补贴的经济和社会效应

1.财政补贴的首要意义在于有效地贯彻国家的经济政策。财政补贴的对象可以是国有企业,可以是集体企业甚至是私人企业,也可以是城乡居民,但不论补贴对象是谁,最终目的都是为了顺利实施国家的方针政策。比如,对公共交通以及供水、供电和供气等国有企业或事业单位给予适当补贴,是为了平抑物价,减轻居民负担,提高服务质量;当年粮食短缺,给予粮食部门或居民以补贴,是为了促进粮食生产,如今粮食充裕了,按保护价格收购,同样是为了保证粮食供给,同时维护农民利益。

2.财政补贴能够以财政资金带动社会资金,扩充财政资金的经济效应。财政资金毕竟是有限的,一些事业必须由财政出资来办,但一些事业可以由财政来办也可以由民间出资来办,而凡是民间不太热衷的事业,财政给予补贴,只要财政花费少量的资金就可以将民间资金调动起来,发挥所谓"四两拨千斤"的作用。特别是经济低迷时期,这种作用就更为显著。

3.加大技术改造力度,推动产业升级。在产业结构优化过程中,财政补贴支出扮演着十分重要的角色。以我国1998年实施的积极财政政策为例。当时共对880个民品技术改造项目进行财政贴息,带动了更多的银行配套贷款,调动了企业进行技术改造的信心和积极性,实施了一大批技术改造、高科技产业化和装备的国产化项目,启动了一批对产业结构调整有重大影响的项目,安排了一批可大量替代进口、扩大出口的项目,有力地推动了大中型国有企业的技术改造和产业结构的升级。

4.消除挤出效应。比如,我国实施积极财政政策,采取增加公共工程支出的措施,在货币供应量不变的条件下,公共工程支出的增加会直接增加对货币的需求量,使得市场利率水平上升,从而会加大私人部门的融资成本,导致私人投资的萎缩,这就是所谓的挤出效应。如果对私人部门给予补贴,就可以降低私人部门的融资成本,消除这种挤出效应,增强民间投资意愿,加快民间投资的恢复和增长。

5.对社会经济发挥稳定效应。在我国的财政补贴中,保持社会经济稳定往往是首要的目的。如对于企业的亏损补贴,在很大程度上是在企业调整过程中,稳定被调整的企业的收入并诱导企业进行更积极的调整;对居民支付的各类价格补贴,是用于弥补居民因调价而产生的收入损失,基本的功能也是保持社会与经济的稳定。特别值得一提的是,在2020年开始的新冠肺炎疫情中,中央和地方政府对交通业、餐饮业、旅店业等受严重冲击的行业进行了相应的补贴和优惠政策,从效果来看,对稳定市场和保持经济的持续发展具有非常重要的意义。

三、财政补贴存在的问题

第一,财政补贴项目偏多,规模偏大,会加重财政负担,甚至成为构成长期存在财政赤字的重要原因之一,虽然从局部来看起到了经济调节作用,但却会从总体上削弱国家财政的宏观调控能力。

第二,长期的财政补贴不可避免地会使受补单位产生依赖思想,影响经济效率和资源配置效率,人为地加剧企业的不公平竞争,"政策性亏损"掩盖了部分企业由于经营不善而引起的经营亏损。

第三,长期过多过广的补贴人为地扩大了经济体系中的政府行为,相应地缩小了市场活动覆盖的范围,而且财政补贴成为受补单位的既得利益,易上难下,将演变为经济改革顺利进行的阻碍因素。

第四,某些补贴的不当,扭曲了价格体系,扭曲了合理的消费结构,加大了宏观调控的难度。

财政补贴既然是一种调节手段,其使用范围及规模就有一个限度,超过这个限度,积极作用就可能趋弱,甚至出现消极作用。要搞清这个道理,就有必要对左右国民经济运行的因素及诸因素的主从地位和相互关系有一个正确的认识。任何一个国民经济的实际运行都是由一套稳定的经济制度(包括财产制度、价格制度、收入分配制度、财政收支制度等)所规定的运行机制和一套灵活的调节手段体系共同发挥作用的综合结果。从主导方面说,国民经济的正常运行主要是依赖既定的经济制度及运行机制的有规律的自动作用,它保证了社会经济能够实现自己的主要社会目标。但是,社会经济所要实现的目标是多重的,有些目标可能居于次要位置,但并非无须顾及,而既定的经济制度及其运行机制即便十分完善,也只能实现一个或几个主要的社会目标。就此而论,任何经济制度及其运行机制都存在着固有的缺陷。为了克服这些缺陷,亦即为了全面实现社会经济目标,作为宏观调控主体的政府,有必要运用调节手段体系去纠正既定的经济运行机制所产生的不利后果,或部分地修正既定的经济运行机制,财政补贴就是可利用的重要调节手段之一。从这个意义上说,财政补贴有其存在的必然性,是不能也不应被取消的。但是,财政补贴既然是调节手段,就不应当在国民经济的运行中扮演主要角色。在国民经济运行的制度性基础与调节手段之间,调节手段只是辅助性的。

四、我国财政补贴的调整和改革

(一)取消不符合WTO规则的补贴

第一,取消针对出口的各种财政补贴。首先,取消针对出口的直接补贴,主要指政府根据企业的出口收汇实绩给予补贴、贴息和奖励,如对一般贸易出口500万美元以上的企业收汇每美元贴息0.02元人民币的政策等。其次,取消针对出口的间接补贴,主要指根据企业的出口情况,减免部分或全部企业所得税以支持出口而形成的各种间接补贴。

第二,取消我国曾存在的采用税收手段支持国产产品替代进口的补贴,包括减免企业所得税、对固定资产投入所纳税额进行更多抵扣、对此类设备投入的增值税予以全额抵扣,以及加速固定资产折旧等形式的补贴,要在过渡期内全部取消。

第三,取消对农产品出口的补贴,包括价格补贴、实物补贴,以及对出口产品加工、仓储和运输的补贴。

(二)合理利用可诉补贴

可诉补贴是WTO规则允许在一定范围内实施的补贴,各国都可以合理运用可诉补贴支持本国工商业发展。有操作性的可诉补贴有:政府对某项产品实行不超过从价总额5%的补贴;对某项产业实行小额补贴以弥补经营性亏损;为解决某个大企业的长期发展,避免产生严重社会问题而提供一次性补贴；对一些规模有限、影响相对较小的企业直接免除政府债务，或授予补贴以抵消应付债款。对于可诉补贴运用的关键是要把握好补贴的范围和"度"，避免引起对我国出口产品起诉。在我国运用可诉补贴中值得关注的是科技补贴。结合我国现行的科技支出状况，科技支出中有一部分是用于应用研究、实验开发等，具有明显的促进出口或进口替代作用，但属于禁止的补贴或可起诉的补贴范围，加入WTO后，必须对超出不可起诉条款范围的财政补贴进行调整，否则就有可能遭到其他成员的反补贴措施。因此，我国必须把握好对科技补贴的范围和"度"，充分运用科技补贴，促进科技事业的发展。

（三）用足用好不可诉补贴

1.增加对落后地区的补贴。由于目前我国人均收入与西部收入的差距已达到"不可诉补贴"中对落后地区补贴的标准，我国的地区倾斜政策应由"东高西低"改为"西高东低"，可以对这些地区的产业和企业采取补贴政策，如税收优惠、援助等，扶持西部经济的发展。

2.运用财政补贴，加强环境保护。环境保护问题是当今全人类共同面临的具有挑战性的问题，关系到人类的生存和发展，因此，环境问题受到世界各国政府的高度重视，如欧盟曾针对环境保护专门调整了财政补贴政策。我国当前在经济发展转型升级的形势下，运用财政补贴政策保护环境和修复被破坏的环境，引导企业、居民自觉保护环境，已成为当务之急。

3.运用财政补贴政策促进中小企业的加速发展。中小企业在创业、发展过程中，普遍具有较高的风险。尽管中小企业的市场前景较好，但出于对风险的考虑，许多投资者和银行却不愿意对中小企业进行投资和贷款。世界各国政府普遍采取财政补贴政策支持中小企业的创业和发展，引导中小企业的投资倾向和扩大投资规模。比如，对处于创业阶段而且属于国家鼓励产业的中小企业投资入股者，政府可以按股金一定比例配发财政补助，地方政府可以对获得中小企业技术创新基金的项目，参照国家创新基金项目金额发放一定比例的补助。

（四）调整现行的一些效率不高的补贴

1.调整粮食补贴政策，改变农业补贴方式。根据《农业协定》，我国当前的粮食补贴政策属于黄箱政策,还没有超过加入WTO谈判中农业生产总值8.5%的上限,符合WTO规则,但现行对农产品流通环节的补贴政策,既扭曲了资源配置,又造成了收入分配不公,补贴效率不佳。应实施新的农业补贴政策,如:取消"三挂钩"补贴(粮棉生产、化肥、柴油和贷款相挂钩)、农产品加价款补贴、地方粮油加价款补贴,建立粮棉生产贷款贴息基金和价格风险基金;取消粮棉储备费用补贴、平抑肉食和蔬菜价差补贴,转换为农产品储备基金;采取粮食直补、良种补贴、农机具购置补贴,探索种粮收益综合补贴制度和投资参股、专项贴息制度,加强国家储备和实行最低保护价等。

2.取消对国有企业的财政补贴。取消对国有企业的补贴是加入WTO所必需的,1999年中美就中国加入WTO进行谈判的焦点之一,就是要求中国取消对国有企业的补贴。根据《中华人民共和国加入WTO议定书》附件,逐步取消针对促进亏损企业的结构调整以及维持生产和保证就业方面的财政补贴。过去国有企业亏损补贴的主要问题在于经营性亏损与政策性亏损相混淆,目前绝大多数工业产品的价格都已放开,通过国有企业改革,除少数仍须由国家直接控制价格的重要产品和劳务外,其他工业企业的亏损补贴都应取消。

第四节 税收支出

一、税收支出的概念和分类

(一)照顾性税收支出

照顾性税收支出主要是针对纳税人由于客观原因在生产经营上发生临时困难而无力纳税所采取的照顾性措施。例如,国有企业由于受到扭曲的价格等因素的干扰,造成政策性亏损,或纳税人由于自然灾害而造成暂时性的财务困难,政府除了用预算手段直接给予财政补贴外,还可以采取税收支出的办法,减少或免除这类纳税人的纳税义务。由此可见,这类税收支出明显带有财政补贴性质,目的在于扶植国家希望发展的亏损或微利企业以及外贸企业,以求国民经济各部门的发展保持基本平衡。但是,需要注意的是,在采取这种财政补贴性质的税收支出时,必须严格区分经营性亏损和政策性亏损,要尽可能地避免用税收支出的手段去支持因主观经营管理不善所造成的财务困难。

(二)刺激性税收支出

刺激性税收支出主要是指用来改善资源配置、提高经济效率的特殊减免规定,主要目的在于正确引导产业结构、产品结构、进出口结构以及市场供求,促进纳税人开发新产品、新技术以及积极安排劳动就业等。这类税收支出是税收优惠政策的主要方面,税收调节经济的杠杆作用也主要表现在这里。刺激性税收支出又可分为两类:一是针对特定纳税人的税收支出;二是针对特定课税对象的税收支出。前者主要是那些享受税收支出的特定纳税人,不论其经营业务的性质如何,都可以依法得到优惠照顾,如我国对伤残人创办的集体企业以及所有的合资、合作经营企业,在开办初期给予减免税照顾。而后者则主要是从行业和产品的性质来考虑,不论经营者是什么性质的纳税人,都可以享受优惠待遇,如我国对农、牧、渔业的用盐减税等。

二、税收支出的形式

(一)税额式

1.税收豁免。税收豁免是指在一定时期内,对纳税人的某些所得项目或所得来源不予课税,或对其某些活动不列入课税范围等,以减轻其税收负担。至于豁免期和豁免税收项目,应视当时的经济环境和政策而定。最常见的税收豁免项目有两类:一类是免除关税与货物税,如:免除机器或建筑材料的进口关税,可使企业降低固定成本;免除原材料以及半成品的进口关税,可增强企业在国内外市场的竞争力;免除货物税同样也可降低生产成本,增强市场的价格竞争力。另一类是免除所得税。一方面,可以增加新投资的利润,使企业更快地收回所投资本,减少投资风险,以刺激投资,如对企业从治理污染中取得的所得不计入应税所得,激发企业治理污染的积极性。另一方面,可以促进社会政策的顺利实施,以稳定社会正常生活秩序,诸如对慈善机构、宗教团体等的收入免予课税。

2. 税收抵免。税收抵免是指允许纳税人从其某种合乎奖励规定的支出中,以一定比率从其应纳税额中扣除,以减轻其税负。对于这种从应纳税额中扣除的数额,税务当局可能允许也可能不允许超过应纳税额。若是在后一种情况下,它被称为"有剩余的抵免";若是在前一种场合,即将没有抵尽的抵免额返还给纳税人,就称为"没有剩余的抵免"。在西方国家,税收抵免的形式多种多样,其中主要有两种形式,即投资抵免和国外税收抵免。投资抵免因其性质类似于政府对私人投资的一种补助,故亦称为投资津贴。其内容大体是指,政府规定凡对可折旧性资产投资者,其可由当年应付企业所得税税额中,扣除相当于新投资设备某一比率的税额,以减轻其税负,借以促进资本形成并增强经济增长的潜力。通常,投资抵免是鼓励投资以刺激经济复苏的短期税收措施。国外税收抵免常见于国际税收业务中,即纳税人在居住国汇总计算国外的收入所得税时,准予扣除其在国外的已纳税款。国外税收抵免与投资抵免的主要区别在于,前者是为了避免国际双重征税,使纳税人的税收负担公平;后者是为了刺激投资,促进国民经济增长与发展,它恰恰是通过造成纳税人的税收负担不平等来实现的。

3. 盈亏相抵。盈亏相抵是指准许企业以某一年度的亏损,抵消以后年度的盈余,以减少其以后年度的应纳税款,或是冲抵以前年度的盈余,申请退还以前年度已纳的部分税款。一般而言,抵消或冲抵前后年度的盈余,都有一定的时间限制。这种方式对具有高度冒险性的投资有相当大的刺激效果。因为在这种方式下,如果企业发生亏损,按照规定就可从以前或以后年度的盈余中得到补偿。当然,正因为这种方式是以企业发生亏损为前提的,它对于一个从未发生过亏损但利润确实很小的企业来说,没有丝毫鼓励效果。而且,就其应用的范围来看,盈亏相抵办法通常只能适用于所得税方面。

4. 退税。退税是指国家按规定对纳税人已纳税款的退还。退税的情况有很多,诸如多征误征的税款、按规定提取的地方附加、按规定提取代征手续费等方面的退税。这些退税都属于"正规税制结构"范围。作为税收支出形成的退税是指优惠退税,系国家为鼓励纳税人从事或扩大某种经济活动而给予的税款退还。主要包括出口退税和再投资退税两种形式。出口退税是指为鼓励出口而给予纳税人的税款退还，主要是：①退还进口税，即用进口原料或半制成品，加工制成成品后，出口时退还其已纳的进口税；②退还已纳的国内销售税、消费税、增值税等。再投资退税是指为鼓励投资者将分得的利润进行再投资，而退还纳税人再投资部分已纳税款。

（二）税基式

税基式纳税扣除是指准许企业把一些合乎规定的特殊支出，以一定的比率或全部从应税所得中扣除，以减轻其税负。换言之，纳税扣除是指在计算应课税所得时，从所得额中扣除一定数额或以一定的比率扣除，以减少纳税人的应课税所得额。在累进税制下，纳税人的所得额越高，这种扣除的实际价值就越大。因为一方面，有些国家的纳税扣除是按照纳税人的总所得以一定的百分比扣除，这样，在扣除比率一定的情况下，纳税人的所得额越大，其扣除额就越多；另一方面，就某些纳税人来说，由于在其总所得中扣除了一部分数额，使得原较高税率档次降低到低一级或几级的税率档次，这等于降低了这部分纳税人的课征税率。

（三）优惠税率式

优惠税率是对合乎规定的企业课以较一般为低的税率。其适用的范围可视实际需要而予以伸缩。这种方法既可以有期限的限制，也可以长期优待。一般来说，长期优惠税率的鼓励程度大于有期限的优惠税率，尤其是那些需要巨额投资且获利较迟的企业，常可从长期优惠税率中得到较大的利益。在实践中，优惠税率的表现形式很多。例如，纳税限额即规定总税负的最高限额，事实上就是优惠税率的方式之一。

（四）递延式

1.延期纳税。延期纳税这种方式亦称税负延迟缴纳，是允许纳税人对那些合乎规定的税收，延迟缴纳或分期缴纳其应负担的税额。这种方式一般可适用于各种税，且通常都应用于税额较大的税收。在施以这种办法的场合，因可延期纳税，纳税人等于得到一笔无息贷款，能在一定程度上帮助纳税人解除财务上的困难。采取这种办法，政府的负担也较轻微，因为政府只是延后收款而已，充其量只是损失一点利息。

2.加速折旧。加速折旧是指在固定资产使用年限的初期提列较多的折旧。[1]采用这种折旧方法,可以在固定资产的使用年限内早一些得到折旧费和减免税的税款。加速折旧是一种特殊的税收支出形式。虽然它可在固定资产使用年限的初期提列较大的折旧,但由于折旧累计的总额不能超过固定资产的可折旧成本,所以其总折旧额并不会比一般折旧高。折旧是企业的一项费用,折旧额越大,企业的应课税所得越小,税负就越轻。从总数上看,加速折旧并不能减轻企业的税负,政府在税收上似乎也没损失什么。但是,由于后期企业所提列的折旧额大大小于前期,故税负较重。对企业来说,虽然总税负未变,但税负前轻后重,有税收递延缴纳之利,亦与政府给予一笔无息贷款作用相同;对政府而言,在一定时期内,虽然来自这方面的总税收收入未变,但税收收入前少后多,有收入迟滞之弊,即政府损失了一部分收入的"时间价值"。因此,这种方式同延期纳税方式一样,都是税收支出的特殊形式。

---

[1]孙中平.固定资产加速折旧税收新政解读[J].财会通讯:上,2016(2):3.

第四章 税收筹划的实施

第一节 税收筹划概念

一、税收筹划的原理

(一)进行税收筹划应具备的条件

1.必须熟悉国家的税收法律法规政策。税收法规、政策、法令、条例是国家参与企业收入分配的准则,进行税收筹划必须对此相当熟悉甚至精通。只有这样,才能了解什么合法,什么非法,以及合法与非法的界限,在总体上确保自己经营活动和相关行为的合法性。因为税收筹划就是纳税人利用国家税收优惠政策进行合理安排以达到节税的目的,是纳税人合理利用税收法规,达到减轻税负的目的。

对纳税人来说,了解国家的税收优惠政策是十分必要的,否则,辛辛苦苦创造的利润大都交了税,就成了让人笑话的"愚商"。例如,我国现行税法规定:居民企业技术转让所得不超过500万元的部分,暂免征收企业所得税,超过500万元的部分,减半征收企业所得税。这是我国支持高新技术企业、鼓励企业和个人进行技术创新的重要举措。但是不少企业不知道、不了解这些政策,发生了应该享受税收优惠的经济行为,但没有办理相关的审批手续,也没有进行相关的税收申报,所以没有享受到税收优惠政策,白白地损失了税收利益。

2.必须熟悉最新的税收情报。税收的基本法一般不会轻易变动,但税收的实体法和税收政策是经常变动的。例如,我国的固定资产投资方向调节税,国家需要加强宏观调控、压缩基本建设规模时就部分征收或全额、全率征收;如果国家需要拉动需求、扩大基建规模时,就免税,或减税、降低税率。税收政策有许多种,每天都在发生变动。每个企业都要关注税收政策的变动,及时收集最新的税收情报,以及时调整自己的税收筹划方案。

3.必须具有较高的业务水平。近半个世纪以来,世界市场日益扩大,国际分工越来越细,各国税制也越来越复杂,这就要求税收筹划人员必须具备扎实的理论知识和丰富的实践经验。扎实的理论知识要求税收筹划人员除了对法律、税收政策和会计相当精通外,还应该通晓工商、金融、保险、贸易等方面的知识;丰富的实践经验要求税收筹划人员选准筹划切入点,制定正确的筹划步骤,针对企业不同的要求设计有效的操作方案。

4.必须熟悉企业的经营环境。熟悉企业的经营环境就是要使企业具有天时、地利、人和的条件。在税收环境方面,要熟悉当地税务机关的治税思想、工作方法和扶持企业发展的方针与措施,知晓税收管理中的固有缺陷和漏洞,并协调好与当地税务机关的关系,达到利国家、利税务机关、利自己发展的多重效果。

5.必须熟悉企业自身的特点。熟悉企业自身的特点也就是要熟悉企业的经营状况、经营能力、经营水准,给企业自身的税收筹划方法进行一个准确的定位。好的税收筹划方法不一定对每个企业在任何时候都适合,要针对企业自身的特点,设计适当的税收筹划方法。例如,在一般情况下,加速折旧法可以加大当年的成本费用,减少当期应纳所得税额,推迟所得税的纳税时间,是一项很好的税收筹划方法。但是,如果企业正处于减免税阶段,加速折旧法会使企业享受的减免税额减少,以后要交的税额增加,所以此时不宜采用加速折旧法。

(二)税收筹划的原则

1.不违反税法。这是税收筹划最基本的原则或者说是最基本的特征。税收筹划要做到合法合理,或合法不合理,绝对不能既不合法又不合理。这是税收筹划区别于偷税、逃税、欠税、抗税、骗税的关键。税收筹划的合法性原则,包括三方面内容。

(1)以依法纳税为前提:税法是国家制定并强制执行的一种社会规范,

可以调整纳税人的经济利益,它明确规定了纳税人向国家缴税的义务和保护自己利益的权利。义务和权利既相互依存又相互矛盾,正是两者之间的这种关系使纳税人在按照税法规定履行纳税义务的前提下,运用税收筹划,享有选择最优纳税方案的权利。

(2)以合法节税为方式:以合法节税方式对企业生产经营活动进行安排,是税收筹划的基本实现形式。

(3)以贯彻立法精神为宗旨:税收筹划的基础是税制要素中税负弹性的存在,税制中的各种优惠政策和选择机会都体现着国家的立法精神,体现了国家政策对社会经济活动的引导和调整,因而切实有效的税收筹划,应该以税法为依据,深刻理解税法所体现的国家政策,从而有效贯彻国家税法的立法精神,使之成为实现政府利用税收杠杆进行宏观经济调控的必要环节。

2.预见性原则。在经济行为已经发生,纳税项目、计税依据和税率已成定局后,再实施少缴税款的措施,无论是否合法,都不能认为是税收筹划。企业税收筹划必须在纳税义务发生之前,通过对企业生产经营活动过程的规划与控制来进行。税收筹划的实质是运用税法的指导通过生产经营活动来安排纳税义务的发生。

3.避远就近即时效性原则。在利用税收优惠政策时,要尽量利用眼前能见效的,同时兼顾长远利益。不能忽视眼前的税收优惠条件,而只顾长远的,这样往往失算,因为税收政策是在不断变动的。近几年我国进行了增值税转型、全面营改增、资源税从价计征等税制改革,有些具体税种的征管也经常有一些调整。党的十八届三中全会发布的《中共中央关于全面深化改革若干重大问题的决定》中多处提到了下一轮税制改革的方向性问题,可以预见新一轮税制改革的大幕已经拉开。因此,某一个税收筹划方案以前可能是有效的,但是税法变动可能致使其无效,甚至导致违反税法的事件发生。这就要求纳税人或税收筹划的策划者关注税法的变动,及时调整税收筹划的方案。例如,在个人所得税的筹划中,税改前工资、薪金是按月纳税,有的行业有淡季旺季之分,淡季收入低还达不到免征额,旺季收入高可能适用较高的税率,于是我们便推荐采用"削山头"的方法,将全年收入均匀分解到每月,降低适用税率档次以减轻税负。但是税改后,工资、薪金是按年纳税,使原税收筹划方案所要达到的降低适用税率的目的不通过税收筹划便可实现。

4.保护性原则。保护性原则也称账证完整原则,就企业税收筹划而言,保护账证完整是最基本且最重要的原则。

税收筹划是否合法,首先必须通过纳税检查,而检查的依据就是企业会计凭证和记录。如果企业不能依法取得并保全会计凭证,或者记录不健全,税收筹划的结果可能无效或者打折扣。从财务管理的要求来讲,税收筹划不是一种短期性的权宜之计,而是一种应该不断总结、不断提高的理财手段。因此,对税收筹划执行结果进行总结评价,分析执行结果与目标差异的原因,从而提高企业税收筹划的水平与能力,保持各种凭证与记录的完整性,也是十分必要的。

5.注意整体综合性。税收筹划与企业的投资、融资决策以及生产经营等各个方面都具有相关性,涉及方方面面的知识及企业的各个环节。所以在进行某一税种税收筹划时,不能就某一环节、某一方面、某一产品在税收上单方面筹划,因为从某一环节和某一方面来说可能是减轻税负,但从多角度综合来看可能税负还很高或者影响全局利益。因此税收筹划要考虑与之有关的、其他税种的税负效应以及对成本、利润的影响,进行整体筹划,综合衡量,以求整体税负最轻,长期税负最轻,成本最低,获利最高,防止顾此失彼、前轻后重。

(三)税收筹划的基本技术

税收筹划的基本方法可以归纳为以下八类:①尽量争取免税期最大化的"免税技术";②争取减税待遇和使减税最大化、减税期最长的"减税技术";③尽量利用税率的差异适用低税率从而使税收利益最大化的"税率差异技术"。④使所得、财产在多个纳税人之间进行分割以减少计税基数降低适用税率的"分割技术";⑤使税收扣除额、宽免额和冲抵额等尽量最大化,缩小计税基础的"扣除技术"。这在企业所得税的筹划上经常用到,比如,采取各种合法手段增加企业所得税税前可扣除范围,提高可扣除比例,进而减少所得税税基,达到减轻税负的目的;⑥充分利用国外所得已纳税款、研发费及固定资产投资等鼓励性抵免政策使应纳税款最低化的"抵免税技术";⑦在许可范围内尽量推迟申报和纳税期限,利用无息缴税资金,打时间差的"延期纳税技术";⑧利用国家对某些投资和已纳税款的退税规定,尽量争取退税待遇和使退税额最大化的"退税技术"。

(四)税收筹划的基本步骤

1.主体选择。企业可以由企业内部人员自行制定税收筹划策略,也可以外包给专业机构,即社会中介组织。在制定税收筹划策略之前,必须确定设计主体。在进行设计主体决策之前,需要对两种设计方式进行比较。

2.收集信息与目标确定。收集信息是税收筹划的基础,只有充分掌握了信息,才能进一步制定税收筹划策略。纳税人进行税收筹划首先要熟悉税法的有关规定,特别是各项税收优惠政策。这些涉税政策都散见于各项文件中且经常变动,所以企业要及时收集、存档。纳税人还应该了解税法在适用上的原则,如层次高的法律优先于层次低的法律,国家法律比地方法层次高。

(1)外部信息:外部信息包括税收环境信息和政府涉税行为信息两个方面。税收环境信息主要包括以下几项内容:①企业涉及的税种及各税种的具体规定,特别是税收优惠规定;②各税种之间的相关性;③税收征纳程序和税务行政制度;④税收环境的变化趋势、内容。在税收筹划博弈中,企业先行动,因此,在行动之前,企业必须预测政府可能对自身行动做出的反应,故要了解政府涉税行为信息,主要包括政府对税收筹划的态度;政府的主要反避税法规和措施;政府反避税的运作规程。

(2)内部信息:内部信息包括实施主体信息和反馈信息。任何税收筹划策略必须基于企业自身的实际经营情况。因此,在制定策略时,必须充分了解企业自身的相关信息,即实施主体信息。这些信息包括:①企业理财目标;②企业经营状况;③企业财务状况;④企业对风险的态度。

企业在实施策略的过程中,会不断获取企业内部新的信息情况。同时,实施结果需要及时反馈给相应部门,以便对税收筹划方案进行调整和完善,即反馈信息。

(3)收集信息与目标确定:企业在制定具体战略时,必须在既定信息的基础上,分析企业的真正需求,确立筹划策略的具体目标。这些具体目标可能是:①选择低税负点,包括税基最小化、适用税率最低化、减税最大化等具体内容;②选择零税负点,包括纳税义务的免除和避免成为纳税人;③选择递延纳税。递延纳税存在机会成本的选择问题。例如,在减免税期间,可能因递延纳税而减少了应当享受的减免税的利益。

3.方案列示、分析与选择。确立税收筹划目标,建立多个备选方案。在对每一个方案做出分析后,根据成本最低或利润最高原则,选择最优方案。在掌握相关信息和确立目标之后,策略制定者可以着手设计税收筹划的具体方案,关注角度不同,具体方案就可能存在差异,因此策略制定者需要将方案逐一列示,并在后续过程中进行选择。筹划方案是多种筹划技术的组合运用,同时需要考虑风险因素。

方案列示以后,必须进行一系列的分析,主要包括:①合法性分析。税收筹划策略的首要原则是法定主义原则,任何税收筹划方案都必须从属于法定主义原则,因此,对设计的方案首先要进行合法性分析,控制法律风险;②可行性分析。税收筹划的实施,需要多方面的条件,企业必须对方案的可行性做出评估,这种评估包括实施时间的选择、人员素质以及未来的趋势预测;③目标分析。每种设计方案都会产生不同的纳税结果,这种纳税结果是否符合企业既定的目标,是筹划策略选择的基本依据。因此,必须对方案进行目标符合性分析,同时优选最佳方案。目标分析还包括评价税收策略的合理性,防止税收策略"喧宾夺主",影响企业整体竞争策略。

对列示方案逐项分析之后,设计者可能获取新的信息,并以此对原有的税收筹划方案进行调整,同时继续规范分析过程。

4.实施与反馈。将所选方案付诸实践,并及时反馈实施的效果,为今后的税收筹划提供参考依据。筹划方案选定之后,经管理机关批准,即进入实施阶段。企业应当按照选定的税收筹划方案,对自己的纳税人身份、组织形式、注册地点、所从事的产业、经济活动以及会计处理等做出相应的处理或改变,同时记录筹划方案的收益。

在实施过程中,可能会因为执行偏差、环境改变或者由于原有方案的设计存在缺陷,从而与预期结果产生差异。这些差异要及时反馈给策略设计者,并对方案进行修正或者重新设计。

(五)税收筹划的影响因素

1.纳税人的风险类型。不可否认,纳税人的诸多涉税行为是要冒一定的风险或者要付出一定的代价的。因此,纳税人对于风险的态度和心理准备,会影响纳税人可能做什么以及以什么样的方式来做。具有风险偏好的纳税人会多做一些所谓越轨的事,而厌恶风险的纳税人则是在确定有十足把握的情况下才出手。

2.纳税人自身状况。纳税人自身状况主要包括纳税人的经营规模、业务范围、组织结构、经营方式等。一般来说,企业经营规模越大,组织结构越复杂,业务范围越广,税收筹划的空间就越大。比如在集市上摆摊的经营户,其涉及的税收仅限于定额的增值税,税收筹划空间很小,用不着费心搞税收筹划。而对于大型跨国公司,由于其经营规模宏大,组织结构复杂,涉及的税种和税收事项又很繁杂,再加上各国不同的税收制度及国际复杂的税收协定,所以税收筹划的空间非常大。

3.税制因素。这是一个最主要的因素。税收制度刚性越大,税收筹划的空间越小。当然,为了进行宏观调控,各国的税制都有一定的弹性,而且都有一系列的税收优惠政策。这就为纳税人进行筹划提供了可能。

(1)税收弹性:这取决于各税种的计税基数、扣除项目和税率。一般而言,税基越广,扣除项目越复杂,税率档次越多,进行税收筹划的机会越大,如我国的企业所得税准予扣除的项目就很复杂,这给纳税人以非常大的选择空间。

(2)税收优惠:税收优惠通过减轻纳税人的税收负担,引导纳税人从事符合国家产业政策的经济活动。税收优惠的种类越多,范围越广,差别越大,内容越丰富,越有利于税收筹划。我国的企业所得税、增值税都有一系列的优惠规定,这为纳税人的税收筹划活动提供了契机。

4.企业行为决策程序。我国的税收政策基本上是随着经济环境的变化而适时地进行调整的。企业如不能及时抓住这些税收政策调整带来的机遇,就很可能会丧失税收筹划的机会,因此企业行为决策程序的简化有利于进行税收筹划。如果企业的行为决策程序比较复杂,如税收筹划方案需要经财务经理、财务总监、负责财务的总经理、董事会、上级主管部门等进行研究,此时税收筹划决策涉及的部门或人员的审核层次较多,税收筹划方案的落实就会比较困难。

5.企业税收筹划需要多方合力。会计人员常常认为其工作职责主要是做好会计核算,提供准确、及时和系统的会计信息,而缴多少税款则是由税务局最终确定的。至于项目立项前税收成本的比较及之后的相关决策,那是企业领导的事,因为比起会计人员来,企业老总们对税收筹划要积极得多。可是在老总们的心目中,税收筹划是会计部门和会计人员分内的事,他们在抱怨税负过重的同时,往往迁怒于会计人员,这样税收筹划工作就陷入无人去管、无人去做的境况。那么由谁来负责最合适呢?分析起来,企业的会计部门、领导者和相关中介机构与税收筹划工作密切相关。

首先,企业会计部门的业务工作性质与税收筹划工作最为接近,税收筹划与会计具有最为天然的联系,因为高品质而又合理合法的税收筹划依赖于高质量的会计信息。会计人员做税收筹划的优势是具有扎实的会计功底,不足是难以参与企业的高层决策。而且,会计工作往往是对企业经济活动事后的核算和监督,而税收筹划是企业经营决策事前、事中、事后全方位的策划,包括许多企业战略上的决策,这基本上超出了会计工作的职责和决策权力。其次,会计人员往往觉得税收筹划工作有风险,作为会计人员,没有冒这个风险的动机。

企业领导负有使企业发展增值的主要责任,同时具有最高的决策权,但若是由企业的领导者充当税收筹划的执行主体,则是不适宜的。因为他们对会计业务无法做到透彻的了解,而且难以及时全面收集到信息,同时对税法也缺乏专业知识,所以由其做税收筹划工作既缺乏必要的业务能力,也没有太多精力。

既然企业会计部门和领导者都不能独立承担税收筹划工作,那么可以选择的道路只有一条,那就是二者有机结合、分工负责,最后由领导决策。这样是否就高枕无忧了?回答是否定的,还得有社会中介机构的介入。

目前中介机构已在逐步开展税收筹划业务,它们的优点在于具有较强的专业业务能力、广泛的信息沟通渠道和独立公正的中介身份等,不足之处在于它们远不如企业会计和领导者了解企业业务流程、经营特点、发展方向等关键信息。因此,企业税收策划需要会计、管理者和中介机构三者的全力配合。

值得关注的是,随着税务合规性要求的提高,税收在企业决策中的地位在提升,我国有些大企业尤其是国际化程度比较高的企业,已经开始专门设置税务部,聘用税务专门人才处理企业涉税事项,有的还设了首席税务官。

二、税收筹划的目标

(一)科学发展观与企业目标

出于经济社会的可持续发展的现实要求,科学发展观已成为我国全面建成小康社会、统筹经济社会协调发展的指导思想。作为社会经济的"细胞",企业既是微观经济主体,又是纳税主体。如何将企业目标与当前我国社会经济发展目标有机地统一起来,是每个企业必须认真考虑的问题。仅从纳税方面来说,企业必须将其投资理财活动,包括税收筹划活动,与贯彻科学发展观紧密结合起来。在此过程中,合理地定位企业目标最为关键。

早期现代企业理论认为追求利润最大化是企业的合理目标。从理论层面看,利润最大化具有一定的合理性。但是,现实经济活动中利润按年度核算,该指标具有短视的特点。如果企业目标定位于利润最大化,往往容易导致企业经营者追求短期利润。造成行为短期化,不利于企业长期稳定发展。现实情况表明,以利润最大化为企业目标的企业往往是"短寿"企业。在充满竞争与日益多元发展的社会中,企业作为"社会人",利润最大化这一目标已难以满足各个利益相关者的要求,也难以满足企业可持续发展的战略要求。因此,目前企业利润最大化的目标理论已受到质疑。

在企业目标理论中,唯有企业价值最大化理论与科学发展观理论具有高度一致性。所谓企业价值最大化是指企业经理人在资源、技术和社会的约束条件下谋求企业价值的最大化。价值最大化目标是针对利润最大化目标的缺陷而提出来的,是对利润最大化目标的修正与完善。其一,作为价值评估基础的现金流量的确定,仍然是基于企业当期的盈利,即对企业当期利润进行调整后予以确认;其二,价值最大化是从企业的整体角度考虑企业的利益取向,使之更好地满足企业各利益相关者的利益;其三,现金流量价值的评价标准,不仅要评价企业目前的获利能力,更看重的是企业未来的和潜在的获利能力。因此,从科学发展观来看,企业价值最大化目标更强调企业的持续发展能力。

(二)以科学发展观定位企业税收筹划目标

企业税收筹划是现代企业理财活动的重要内容,其目标定位应服从于企业目标,与企业目标一致,并且随着企业目标的调整而调整。

在企业目标定位于利润最大化的条件下,税收筹划的目标必然是追求税后利润最大化。追求利润最大化相对于追求税负最轻的节税方式而言,已是一种历史的进步,但是如果按照这一目标来进行税收筹划,依然会导致企业目光短浅,只会以当年利润或经理人任期的利润多少来选择纳税方案,而不是从企业整体利益和长远发展的角度来选择纳税方案。在税收筹划实践中我们经常可以看到,某一纳税方案能够减轻税负,或能使当年利润最大化,但从企业长期发展来看,是不利的。显然,这不是税收筹划应达到的目的。将税收筹划的目标定位于企业价值最大化,是科学发展观在税收筹划中的具体体现。根据这一思路,企业在进行一切生产经营投资决策时,加入税收政策或税收法规因素,以企业价值最大化为目标,选择或放弃某一方案的行为和过程,就是税收筹划活动。并不是只有选择税负最轻或税后利润最大化的纳税方案的活动才称为税收筹划,有时甚至通过税收筹划多缴了税,如果有利于企业价值最大化,也应该认为是合理的税收筹划。如企业为了争夺某年或某地区纳税大户的第一名,在与第二名的纳税总额差距不大的情况下,通过合理调整而增加纳税额从而在纳税信用等级、纳税排名等方面取得较高的社会声誉和较大的宣传效应,也是合理的。有的企业为了实现连续几年盈利增加的目的,从而达到上市要求,通过调整历年利润水平从而多纳税也是总体有利于企业价值最大化的。

综上所述,以税后利润最大化为目标的税收筹划和以企业价值最大化为目标的税收筹划都是在遵从税法的前提下纳税人对生产、经营、投资、理财活动的纳税方案的一种安排,主要区别在于企业目标定位不同。理想的税收筹划是节税、税后利润最大化和价值最大化三者的统一。但在现实中三者的统一往往是很困难的,当三者发生矛盾时,应以企业价值最大化为决策依据。由单纯追求节税和税后利润最大化目标向追求企业价值最大化目标的转变,反映了纳税人现代理财观念不断更新和发展的过程,也是科学发展观对税收筹划健康发展的要求。从这个角度来说,以节税和税后利润最大化为目标的税收筹划是税收筹划发展的低级阶段,以企业价值最大化为目标的税收筹划才是税收筹划发展的高级阶段。在我国税收筹划发展过程中,应大力倡导在科学发展观指导下的税收筹划活动。

三、开展税收筹划的意义

(一)开展税收筹划的必要性

税收构成了企业的必要成本,在市场经济的条件下,税收是企业经营决策必须考虑的重大因素。然而中国的企业对税收一直不太重视,这主要是由于在计划经济体制下企业缺乏自主经营的外部环境和独立的经济利益机制。但是随着企业改制的不断深化,企业开展税收筹划是十分必要的。

首先,体制改革使企业成为适应市场经济的法人实体,企业依法自主经营、自负盈亏,以股东权益最大化或利润最大化为考核经营绩效的标准,企业必须认真考虑不同决策的税负轻重;其次,税收执法力度正在不断加强,偷税企业将受到严惩,想偷逃税款,此路不通,可行的办法只能是开展税收筹划。

(二)税收筹划的现实意义

1.税收筹划的微观意义。

(1)税收筹划有利于提高纳税人的纳税意识:企业要想成功地实现税收筹划,必须熟悉国家的税法。因此企业为了开展税收筹划,就会主动学习和钻研税法,自觉地履行纳税义务,不违反税法的规定,从而提高纳税人的税收法律意识。

税收筹划与纳税意识的增强一般具有客观一致性,税收筹划是企业纳税意识提高到一定程度的体现。企业进行税收筹划的初衷的确是为了少缴税或缓缴税,但企业采取的是合法合理的方式,通过研究税收法律规定,关注税收政策变化,进行纳税方案的优化选择,以尽可能地减轻税收负担,获取最大的税收利益。应该说这样做纳税人的纳税意识不仅不差,而且可谓是相当强。这种筹划活动正是利用国家的税收调控杠杆取得成效的有力证明。而且,现在进行筹划的企业多是一些大、中型企业或"三资"企业,即进行税收筹划或税收筹划搞得较好的企业往往纳税意识也比较强。如果采取偷税、骗税、抗税等违法手段来减少应纳税款,纳税人不但要承担受法律制裁的风险,而且还会影响企业声誉。因此,一种合法地减少应纳税款、节约税收支出的方法——税收筹划,便成为纳税人的必然选择。由此可见,税收筹划有利于促使纳税人在谋求合法税收利益的驱动下,自觉地学习和钻研税收法律法规,主动地履行纳税义务。

(2)税收筹划可以给企业带来直接的经济利益:成功的税收筹划能减轻企业的税负,增加企业利润,提高企业经济效益。税收的无偿性决定了企业税额的支付是资金的净流出,而没有与之匹配的收入。依法纳税虽然是企业应尽的义务,但是,对企业来说,无论纳税多么正当合理,都是纳税人经济利益的一种丧失。在收入、成本、费用等条件一定的情况下,企业的税后利润与纳税金额互为消长。因此,企业作为纳税人将其注意力自觉不自觉地转移到应纳税额上。税收筹划可以减少纳税人的税收成本,还可以防止纳税人陷入税法陷阱。企业在仔细研究税收法规的基础上,按照政府的税收政策安排自己的经营项目、经营规模等,最大限度地利用税收法规中对自己有利的条款,无疑可以使企业的利益达到最大化。

(3)税收筹划有利于提高企业经营管理水平:企业经营管理不外乎是管好"人流"和"物流"两个流程。而税收筹划就是为了实现物流中的"资金流"的最优效果,是一项高智商的增值活动,为了进行税收筹划,企业必须启用高素质、高水平的人才,这必然能提高企业经营管理水平。另外,健全的财务会计核算是税收筹划的前提,企业为了进行税收筹划就需要建立健全财务会计制度,规范财务管理,这必然会提高企业经营管理水平。

2.税收筹划的宏观意义。

(1)税收筹划有利于实现税收的宏观调控功能:税收是政府进行宏观调控的最重要的杠杆之一。国家通过税收政策形成一定的税负分布,以引导社会资源的合理配置,调整产业结构。纳税人根据税法的规定合理避税,客观上是在国家税法引导下,逐步走向优化产业结构和合理配置资源的道路。纳税人根据国家税法的规定,以各地区、各行业的税种、税基、税率为基础,利用国家的各项税收优惠、鼓励政策,进行筹资决策、投资决策、生产经营决策和利润分配决策。尽管在主观上是为了减轻纳税人的税收负担,使自己的利益最大化,但在客观上却是在国家税收杠杆的作用下进行产业结构的调整,优化资源的配置,这体现了国家的产业政策,是符合国家发展方向的。

(2)税收筹划有利于税法的不断完善:企业开展税收筹划活动就是对国家税法的不完善及特有缺陷的利用。国家可以根据形势的变动和已经出现的税收筹划现象分析原因,找出税法中不完善的地方,及时加以调整。我国的税收法律、法规、制度虽经不断完善,但在不同时期仍可能存在覆盖面上的空白处、衔接上的间隙处和掌握上的模糊处等,而且除了《中华人民共和国个人所得税法》《中华人民共和国税收征收管理法》《中华人民共和国企业所得税法》《中华人民共和国车船税法》外,我国现在大多是用条例、暂行条例、办法、通知等规范税收,内容分散,不易把握,有时甚至会出现税收规定与民法通则、刑法等其他相关法律、法规不协调之处。税收筹划是对税收优惠政策进行研究和运用,但是现行税收政策也有某些缺陷、不足和漏洞,因而进行税收筹划可以及时了解税收法规和税收征管中的不尽合理和不完善之处,为国家进一步完善税收政策、法律法规提供依据,起到对税收法规的验证作用,能够有效地贯彻税收法定主义原则,推动依法治税的进程。同时,也有利于加快税收的立法过程及与相关法律、法规的相互协调和衔接,使我国法律成为一个相互协调的有机整体。

(3)税收筹划有利于涵养税源:纳税人根据税收政策进行税收筹划,可以促进产业结构合理化,促进生产力的发展。企业规模大了,收入和利润多了,国家的税收收入也就增加了。在目前国家减税政策有限的情况下,纳税人进行税收筹划,降低了企业的税收负担,这对企业的生存发展十分有利,特别是在当前困难企业较多、国家又难以一一兼顾的情况下,税负的减轻可以为企业渡过难关、赢得发展提供契机。虽然在短期内税收筹划减少了国家的财政收入,但是由于这是符合国家的宏观调控政策,有利于实现国民经济健康有序地发展,所以随着产业布局的逐步合理、资源的进一步优化配置,可以促进生产进一步发展。企业发展了,税源增加了,上缴给国家的税款也会获得同步增长。

(4)税收筹划有助于税务服务行业的健康发展:随着依法治国进程的深

入,我国法律、法规将不断完善,尤其是随着新一轮税制改革的推进,提高税法的立法层次已是一个必然趋势。面对众多的税收法规及主管部门不断下发的各种税收政策文件,纳税人往往感到很难全部掌握,许多企业甚至对一些税收法规根本不了解,也就更谈不上如何利用政策空间进行合理的规划和操作,使企业实现利润最大化了。目前有些企业对许多税收优惠政策并不清楚,只想通过其他渠道来达到少缴纳税款的目的,这已经越来越难以实行。要解决这个问题,就需要有人提供税收筹划服务,帮助企业理解和运用这些优惠政策,以适应更复杂的税收环境。这就需要一批具有国际化视野、熟悉国际国内税务法律及财务会计等的专业人才和专门的税务服务机构如税务师事务所来提供优质服务。通过税收筹划,可以从需求和供给角度促进税务服务行业的发展。

第二节 税收筹划发展层次

一、初级税收筹划:规避企业额外税负

(一)什么是企业的额外税负

作为成本的企业税收首先是由国家税法规定的,由于种种原因,企业实际支付的税款可能超过按税法计算出来的应纳税额,超过的部分就构成了企业的额外税负。显然,企业税收筹划的最低标准是避免企业的额外税负。

(二)企业额外税负的主要表现形式

1.企业自身税务处理错误造成多缴税款。企业经营活动的税务处理必须按照税法的规定来执行。这就要求企业必须熟悉税法,能熟练运用税收政策为自己的经营管理服务,否则就有可能多缴税款,造成不必要的损失。

2.企业无意中违反税法而招致的税务罚款。税法是严肃的,违反了就受罚,而不管你是有意违反还是无意违反。

3.企业对某些税收优惠政策未能享受或未能享受到位而多承担税负。不少企业对税收政策理解不全面、不透彻,使企业对该享受的税收优惠政策

未能享受或未能享受到位。

4.税务机关的非规范性征管导致企业的涉税损失。由于财政收入的压力和税收征管困难,基层税务部门有时采取税收承包、定额征收的办法,甚至还会为了完成税收计划而提前征收或超额征收。另外,少数税收征管人员由于疏忽大意,或者素质低下,多计多收税款也是可能的。对此企业若不能及时识别并据理力争,就只能承担由此带来的额外负担。

二、中级税收筹划:优化企业税务策略

(一)什么是中级税收筹划

税收除了是增加财政收入的途径外,还是国家宏观调控的主要杠杆。国家宏观调控的意图会在税法中具体体现出来,所以许多因素,如企业的生产经营所在地区、所处行业、财务核算方法、投融资方案都会影响企业的税收负担。为了降低税收成本,企业还必须在做出经营决策之前综合考虑不同决策方案可能导致的不同的税收负担,从中选择最优的决策方案。这就是中级税收筹划。

(二)中级税收筹划策略

1.注册登记策略。在登记的时间和地点上,一般以正式营业时间开始登记,在属地登记为好,因为企业一登记就要开始纳税,未营业先登记容易带来税收管理方面的麻烦;另外在属地登记可以享受当地的税收优惠,可以减少多层次交叉的税务稽查,还可以融洽征纳关系。

在法人和自然人身份选择方面,要进行权衡。一般来说法人信誉好,容易取得税务机关的信任,但是法人的所得首先要交企业所得税,然后还要交个人所得税,存在重复纳税;而自然人身份登记则只需交个人所得税。

2.融资方式选择策略。融资方式的选择也是税收筹划的重要领域。企业融资的常见方式有发行股票、债券、贷款和融资租赁,其中发行股票是增加权益资本,另外三种都是扩大借入资金。权益资金的好处是风险小,无固定利息负担;不利之处是其融资成本股息要从企业的税后利润中支付,不能冲成本,对股息还要征收个人所得税。

借入资金的成本是利息,利息是在税前列支,可以列入成本,减少了所得税;其缺点是到期必须还本付息,当企业资不抵债时,有可能破产清算,因而风险较大。因此,企业要综合各种因素来选择融资方式。

三、高级税收筹划:争取有利的税收政策

(一)什么是高级税收筹划

税收是国民经济的再分配形式,无论实行什么样的税收制度,税收总是从一部分社会成员的钱袋子里取钱给另一部分社会成员。因此任何税收制度总是对一部分人有利对另一部分人不利。这就不可避免地会引起不同利益集团或社会阶层之间关于税收政策的争论。

因此,积极争取对自身有利的税收政策就成了企业最高层次的税收筹划策略。

(二)高级税收筹划的前提——准确测算自身的经济税负

税收的基本原则之一是税负公平。税收政策的制定主要取决于对不同纳税人税负的测算。因此,企业争取有利的税收政策的一个基本前提是要准确测算自身的税负,并证明这个税负过重。1994年税制改革后,许多企业都抱怨税负加重了,如农机、纺织和水电等行业就是如此。他们的意见可能是正确的,但由于缺乏具体准确的测算数据和有力的理论证明,很难令人信服。

税负分为名义税负和经济税负。名义税负是按税法计算的税负,经济税负是实际承担的税负,它与名义税负一般会有很大的差异,企业测算的税负应该是经济税负。

(三)企业争取有利税收政策的途径

从税收制度和政策方面看,影响企业税负轻重的主要因素包括征税对象、计税依据、税率和税收优惠。企业可以根据税收理论、国家宏观经济政策和税收负担的纵向和横向比较,就这些因素提出建议,争取对自身有利的税收政策。

企业争取有利的税收政策的途径,主要有以下两种:①向税务机关和有关政府部门反映和申诉;②借助于理论界在报纸、杂志等媒体上开展讨论和呼吁。

第三节 税收筹划产生的因果分析

一、税收筹划产生的基本前提

(一)市场经济体制

从根本上讲,企业之所以开展税收筹划活动,首先是出于对其自身经济利益的追逐。这是符合理性经济人假设的,而这种假设的前提在于完备的市场经济体制。在计划经济体制下,企业吃国家的大锅饭,实现的利润大部分上缴财政,几乎没有自身利益可言。企业即使通过税收筹划减轻了税负,也只不过是将税收转化为利润上交国家。因此,税收筹划没有存在的必要。只有在市场经济体制下,企业真正成为市场的主体,享受独立的经济利益,同时在激烈的竞争中产生对成本控制的需求,税收筹划才有存在及发展的空间。

(二)税收制度的"非中性"和真空地带的存在

税收中性是指国家征税时应避免对经济主体根据市场机制独立进行经济决策的过程进行干扰。然而,税收中性只是税制设计的一般原则,在实践中,各国政府在制定税收制度时,为了实现不同的目标,都会设计许多差异化的政策,如差别税率,以及不同经济事项的差异化处理方法。这使税收制度在执行过程中呈现出"非中性",从而使企业的经营活动面对税收契约呈现差异化的反应,理性的企业自然会选择符合自己最大化利益的方案,并有意识地事先安排与筹划。由于企业的实际情况多种多样,交易和事项形形色色,而且社会经济环境是不断发展变化的,随时都可能发生新的情况,与此同时,作为税收政策的制定者,政府不可能获取完整信息,因此,任何税收政策都不可能是尽善尽美的,既不可能对现实的所有情况、所有交易和事项产生约束,也难以对将要出现的情况、交易和事项做出规范,从而必然留下真空地带,形成税法空白。利用税法空白进行税收筹划,是许多纳税人最为本能的一种税收筹划方式。

(三)完善的税收监管体系

税收契约双方具有信息不对称性,尤其是在会计信息的掌控方面,企业自身占据强势地位。然而,绝大多数税收的计量又是以会计信息为基础的,为了弥补在会计信息方面的缺陷,政府必然要求对企业进行税收监管,并对违规行为进行处罚。税收监管的存在增加了企业进行税收欺诈的成本,从而会在一定程度上抑制企业利用税收欺诈降低税负的税收筹划行为。如果整个社会税收监管水平较高,形成良好的税收执法环境,纳税人要想获得税收收益,只能通过税收筹划方式进行,而一般不会、不易或不敢做出违反税法等有关法律之事。反之,如果税收监管力度较弱,执法空间弹性较大,纳税人采取风险和成本都比较低的税收欺诈行为即可以实现企业目标,自然无须进行税收筹划。因此,完善的税收监管体系是税收筹划的前提。但是必须指出,由于监管人员的有限理性以及监管成本可能过高,现实的税收监管存在期望差距,这种差距可能使得企业放弃税收筹划,铤而走险采取欺诈方式。

二、税收筹划是纳税人应有的权利

现代企业一般有四大基本权利,即生存权、发展权、自主权和自保权,其中自保权就包含企业对自己经济利益的保护。纳税是有关企业的重大利益之事,享受法律的保护并进行合理合法的税收筹划是企业最正当的权利之一。

税收筹划是纳税人的一项基本权利,纳税人在法律允许或不违反税法的前提下,有从事经济活动获取收益的权利,有选择生存与发展、兼并与破产的权利,税收筹划所取得的收益应属合法权益。

税收筹划是纳税人对其资产、收益的正当维护,属于纳税人应有的经济权利。纳税人对经济利益的追求可以说是一种本能,具有明显的排他性和利己的特征,最大限度地维护自己的利益是十分正常的。税收筹划应在纳税人权利的边界内或边界线上,超越企业权利的范围和边界,必然构成对纳税人义务的违背、践踏,而超越纳税人义务的范围和边界,必然构成对纳税人权利的破坏和侵犯。对纳税人来说,遵守权利的界限是其应承担的义务,坚守义务的界限又是其应有的权利。税收筹划没有超越纳税人权利的范围，应属于纳税人的正当权利。

税收筹划是纳税人对社会赋予其权利的具体运用，属于纳税人应有的社会权利。纳税人的社会权利是指法律规定并允许的受社会保障的权利，它不应因企业的所有制性质、经营状况、贡献大小不同而不同。在税收筹划上，政府不能以外商投资企业与内资企业划界，对前者采取默许或认同态度，对后者则反对和制止。其实，对企业正当的税收筹划活动进行打压，恰恰助长了偷税、逃税及抗税现象的滋生。因此，鼓励纳税人依法纳税、遵守税法的最明智的办法是让纳税人充分享受其应有的权利，其中包括税收筹划，而不是剥夺其权利，促使其走违法之道。

企业税收筹划的权利与企业的其他权利一样，都具有特定的界限，超越这个界限就不再是企业的权利，而是违背了企业的义务，就不再是合法的，而是违法的。企业的权利与义务不仅互为条件，相辅相成，而且可以相互转换。在纳税上其转换的条件是：①当税法中存在的缺陷被纠正或税法中不明确的地方被明确后，企业相应的筹划权利就会转换成纳税义务，如某种税由超额累进税率改为固定比例税率后，纳税人利用累进级距的不同税率而实施的筹划就不存在了；②当国家或政府对税法或条例中的某项(些)条款或内容重新解释并明确其适用范围时，纳税人原有的权利就可能转变成义务。由于税法或条例中的某项(些)条款或内容规定不明确或不适当，纳税人就有了税收筹划的权利。如果国家或政府发现后予以新解释或明确其适用范围，那么，对有些纳税人就可能不再享有税收筹划的权利了，而且再发生这种经济行为就可能变为纳税义务了；③当税法或条例中的某项(些)特定内容被取消后，税收筹划的条件随之消失，企业的税收筹划权利就转换为纳税义务。如某项税收优惠政策(对某一地区或某一行业)被取消后，纳税人就不能再利用这项优惠政策实施税收筹划，而只能履行正常的纳税义务了；④当企业因实施税收筹划而对其他纳税人(法人、自然人)的正常权利构成侵害时，企业的筹划权利就会转换成纳税义务。企业的税收筹划权利的行使以不伤害、不妨碍他人权利为前提。

三、税收筹划产生的主观原因

任何税收筹划行为产生的主观原因都可以归结为一条,那就是利益的驱使。无论是法人还是自然人,也不管税收政策是多么的公正合理,都意味着纳税人直接经济利益的减少,在利益的驱使下,使企业在努力增加收入和降低成本的同时,还要考虑减轻税负,以达到利益最大化。这就是纳税人进行合法的税收筹划的内在动力和原因。

研究税法、调查税收环境不仅是合法的,也是必要的,不这么做就有可能带来不必要的损失。比如,我国的金诚实业总公司与哈萨克斯坦的阿尔玛公司合资经营沈阳饭店,生意一直很好,但开业刚满三年就关门了,原因是哈萨克斯坦税负太重。

四、国内税收筹划的客观原因

(一)税收制度的差异性

税法中各项特殊条例、优惠措施和其他差别规定的存在,是税收筹划存在的客观原因。税收制度的差异性表现在以下几个方面。

1. 不同地区间企业税收负担的差异。城市维护建设税税率:城市按7%、县城和镇上按5%、其他地方按1%的税率征收。

2. 不同行业间企业税负的差异。税收具有宏观调控的功能,对于需要鼓励和扶持的行业,税负就低,而对于需要限制的行业,税负就高。比如,企业从事的货物销售或者提供加工、修理、修配劳务活动缴纳增值税,而有的行业除了缴纳增值税还要缴纳消费税,税负更重。不同的应税消费品税率也不同。

(二)税收法律的弹性

1. 纳税人定义上的可变通性。任何一种税都要对其特定的纳税人给予法律上的界定。纳税人只要能够证明自己不是某种税的纳税人,自然就不必缴纳这种税。

2. 征税范围的弹性。征税范围是可大可小的,税法上往往难以准确界定。例如,企业所得税是对企业所得征税,"所得"的范围就很难把握。理论上说,应纳税所得额应该等于企业收入总额减去准许扣除项目金额,对于准许扣除项目金额,税法只作了系列抽象的界定,纳税人可以进行一定的技术处理,使自己的征税对象游离于征税范围之外,或者将高税范围的对象转移到低税范围,从而不缴税或少缴税。

企业利用征税范围的弹性进行避税,主要体现在所得税方面,扩大成本费用等扣除项目金额而减少应纳税所得额,缩小征税范围,是最惯用的形式。

3.计税依据的可调整性。税额的大小取决于两个因素:一是课税对象金额,即计税依据;二是适用税率。在税率既定的情况下,计税依据越大税额越高,反之越小。为此纳税人就会想方设法来减少计税依据,达到减轻税负的目的。例如,企业自产自用的应纳消费税的消费品,其应纳消费税额的计算,如果企业没有同类产品的价格,就必须计算组成计税价格作为计税依据。而组成计税价格 $\left[\dfrac{成本 \times (1 + 利润率)}{1 - 消费税税率}\right]$ 是与企业的生产成本成正比的,从而可以人为地缩小成本来缩小组成计税价格,达到少纳税的目的。

4.税率的差异性。当课税对象金额一定时,税率越高税额越高,反之则越低。税率与税额的这种关系,诱发了纳税人尽可能避开高税率,寻求低税率。例如,我国的个人所得税是实行七级超额累进税率,起征点是5000元(从2019年1月1日开始),每月工资、薪金所得超过5000元的部分,按其应纳税所得额的高低,适用3%~45%的税率,这种巨大的税率差异对纳税人进行税收筹划具有非常大的吸引力。

5.税收减免优惠的诱发性。各国税制中都有较多的减免税优惠,这对纳税人进行税收筹划既是条件又是激励。它的形式包括税额减免、税基扣除、税率降低、起征点、免征额、加速折旧等,这些都对税收筹划具有诱导作用。

经营规模较小的(收入额在起征点上下)纳税人就会尽可能地通过合法的形式使其收入额在起征点以下,以便免于纳税。

因此税法中的减免税照顾,诱发了许多纳税人进行税收筹划,他们会千方百计地使自己达到减免税的条件,从而享受这种税收的优惠。

(三)税收法律的漏洞

1.税法条文过于具体。任何具体的东西都不可能包罗万象,过于具体的税法条例会造成一部分应税行为游离于税法之外,从而给这些应税行为提供避税的机会,如我国目前对电子商务、网上购物的征税问题就没有具体的规定。

2.税法条文不明晰。税法中的有些规定过于抽象,不便于操作,这也许对纳税人有利,也许不利,关键看纳税人对政策的理解和如何争取税务部门的支持。例如,现行增值税制度和消费税制度要求商品交易按公允价格进行处理,如果出现无正当理由而价格偏低的现象,税务机关有权依照有关规定进行调整甚至对企业实施处罚。但在实际中,计税价格到底低到什么程度才叫明显偏低,标准不一,可操作性较差。

3.税法条文不一致。由于税收政策随着经济的发展总是处于不断调整和变化之中,导致有的税法条文前后不一致,这给纳税人进行税收筹划以可乘之机。

4.税法条文不严密。许多税收优惠条款没有防范避税的规定,使纳税人存在滥用优惠条款的可能。例如,我国外商投资企业和外国企业所得税制度给予外资企业超国民待遇,许多内资企业就利用这方面的政策搞假合资,以规避税负。

(四)通货膨胀因素

通货膨胀的重要标志是货币贬值。在累进税收制度下,往往会将纳税人推向更高的纳税档次。就是说累进税收制度与通货膨胀相结合,可以使政府悄无声息地从纳税人的收入和财产中取走越来越大的份额。另外,纳税人按历史成本提取折旧和其他项目的税前扣除,不足以补偿通货膨胀的影响,给纳税人的生产经营和生活造成很不利的影响,因此,在通货膨胀的情况下,大多数纳税人会产生强烈的避税动机。

(五)先进的避税手段

科技的发展、管理水平的提高,都有利于纳税人避税。它一方面使避税手段更高明;另一方面也使政府更有效地反避税。道高一尺魔高一丈,避税和反避税在更高水平上的较量,其结果推进了避税向更高和更新的层次发展。

五、国际税收筹划的客观原因

(一)国家间税收管辖权的差异

1.两个国家实行不同税收管辖权所造成的跨国税收筹划。比如,A国实行地域税收管辖权,B国实行居民税收管辖权,那么A国的居民从B国获得的所得就可以躲避所有纳税义务。同样,对两个国家实行不同的税收管辖权的其他情况,纳税人也可以找出类似的其他办法来避免自己的税收负担。

2.两个国家同时实行所得来源管辖权造成的跨国税收筹划。各国确定所得来源的标准不同,有的国家根据所得支付者的来源确定,若所得支付者是本国自然人或法人,则该所得来源于本国,否则该所得并非来源于本国;有的国家则根据其他标准来断定一项所得是否来源于本国。这样,对待涉及两个国家的同一笔所得,当这两国认为这笔所得的支付者与获得者不属于本国自然人或法人时,该笔所得就可以躲避纳税义务。

3.两国同时行使居民管辖权所造成的跨国税收筹划。各个实行居民管辖权的国家对自然人和法人是否为本国居民有不同的确认标准。比如,当确定一自然人是否为本国居民时,有的国家采用住所标准,有的国家采用时间标准(即以居住时期超过一定期限为准),还有的国家采用意愿标准,即询问自然人是否愿意成为本国居民;当确定一法人是否为本国居民时,有的国家采取登记注册标准,有的国家采取总机构所在地标准。因此,跨国纳税人有可能同时避开在两个有关国家的纳税义务。

当两个国家同时以住所标准确定自然人的居民身份时,跨国纳税人若在两个国家均无住所,就可以同时躲避在两国的纳税义务;当一国以时间标准确定自然人的居民身份,而另一国以意愿标准确定居民身份时,纳税人可采取不使自己在前者逗留超过一定时间,而又根据自己的需要选择纳税地点的方式躲避税收;当一国实行注册标准,而另一国实行总机构所在地标准确定一法人是否为本国居民时,跨国纳税人可以根据有关国家的标准设置总机构和登记注册,以达到国际避税之目的。

在实行居民税收管辖权的国家里,会因为各国确定居民身份的标准不同而产生税收管辖权的真空地带,这些真空地带的存在为跨国避税大开方便之门。

国际税收问题在于,跨国的贸易或投资行为必定要受到两个或两个以上的国家的税收法律约束,而各个国家的税收管辖权存在很大的差异。我国与世界上大多数国家一样,在涉外与国际税收上实行地域兼居民管辖权,而文莱、沙特阿拉伯、危地马拉、乌拉圭等一些国家则采用单一地域管辖权。纳税人如果能够借助管辖权的差异游离于各国之间,回避税收管辖权的认定,确保自己成为"无国籍人"或"税收难民",就可以成功规避在该国的纳税义务。

(二)税收执法效果的差别

一部十分完善的税收法律,如果在征管过程中得不到严格贯彻,其效果也会大打折扣。和世界不少国家相比,我国企业主观上总体认为现行税收负担不算轻,甚至可以说是比较重的,伴随较重的法定税收负担而来的往往是面积比较大的逃避缴纳税款现象。由于不能有效地对税收征管加以稽核,司法部门未能及时依法惩处,偷漏税犯罪的成本相对较低。针对这种情况,征管部门要严格执法,使有违法企图的纳税人建立一个预期,就是偷逃税款所得利益不如老老实实纳税所得利益大。为了使税款应征尽征,国家有关部门要做两件事情:一是通过立法程序逐步降低税收负担,按照税收法定主义原则,完善税法并严格执法。这两年我国已经推出了系统的结构性减税政策,使企业得到了实惠。二是增大财政支出的透明度,使纳税人清清楚楚地知道自己所纳税款确实已全部用于与纳税人有关的社会"公共需要",养成纳税人自觉纳税的意识。从长远看,这也是建设社会主义法治国家的需要。

世界上有的国家虽然在税法中也规定有较重的纳税义务,但由于征管不力,工作中漏洞百出,给逃税、避税提供许多可乘之机,从而造成税负的名高实低。对国际避税者来说,这些差别正是他们实施国际避税的空间。一个明显的例子就是:在执行国际税收条约规定的情报交换条款时,不同国家或地区的税务当局在管理效率上存在较大的差别。如果某一缔约国的管理水平不佳,就会导致该条款大打折扣,形成更优良的国际避税条件。

西方国家税收管理体系十分严密,在数字化管理和严重的法律后果的前提下,逃税在国外几乎是不可能的或者是一种风险极大的违法行为。可见,在人类社会道德修养群体性地达到一定高度之前,大部分人的行为模式取决于制度设置而不是自身道德修养。

在西方,纳税人纳税之后,其知情权和监督权也是受法律保障的。税款征收之后的用途,除涉及国家机密之外,其财政预算、决算是受到严格监管和控制的,普通市民可以通过登录政府的公务网站查询一些项目的开支情况,提出疑问,甚至以纳税人的名义提出诉讼,因为他有权怀疑自己交给政府的钱被花得不明不白。

司法实践证明,正是这种法律制度的设置,使地方的财政避免了许多滥用或错误开支情况的发生。

在西方税法原理中,国家是由全体社会成员依契约而成立的,公民纳税,如同社区居民交物业管理费一样,纳完税后,就有权利要求政府提供高质量的公共服务。如果政府所提供的公共服务存在瑕疵,给公众造成损害,公众就会通过司法救济要求赔偿。政府将纳税人缴纳的钱花到不正当的地方,纳税人当然也有权利上法院讨个说法。

"米兰达警告":20世纪60年代,美国国会批准并沿用至今的一项执法原则。它规定,如果执法相对人在未被告知违法事实和上诉程序的情况下,执法机关做出的处罚结论是不能生效的。一直以来,"米兰达告知"被西方法治发达国家所推崇,并被当作当今世界执法文明与进步的重要标志。该原则目前尚未被大多数中国人所知。令人欣喜的是,2000年4月,青岛成立了我国首家纳税人学校——山东即墨纳税人学校,"米兰达告知"正悄然走近纳税人。该校遵循"穿越心灵阻隔,共创美好明天"的建校准则,以实现征、纳税成本最小化为办学目标。税法告知正在发挥"倒挤效应",进一步规范和约束税收执法行为,切实提高税收征管质量和效率。

(三)税制因素

由于各国的自然资源禀赋不同,生产力发展水平差异较大,不同的国家必将采取相应的财政经济措施和办法,反映在有关税收法规上,也将会出现明显的差异。这样的差异主要表现在以下几个方面:一是税种的差异。目前,世界大部分国家都开征了个人所得税和企业所得税等直接税。但像开曼群岛、百慕大、巴哈马等避税地则没有开征个人所得税、公司所得税、资本利得税、不动产税和遗产税等直接税；二是税率上的差异。世界各国即使开征同一种税，但税率明显高低不同，如巴西的现行公司所得税税率是25%，加拿大的税率则为38%，德国高达45%，而黎巴嫩仅为15%；三是税基的差异和税种类型的差异。虽然多数国家都开征了某种税，但其税基和类型都有所区别。例如，许多国家都开征了增值税，但是在增值税的具体设计和管理环节上，各国的情况却各不相同。增值税的发源地法国在流转环节实现普遍征收，而我国从1994年1月才开始在较大的范围内推广增值税，营改增前在流转环节实行增值税与营业税互不交叉征收，另外通过消费税进行配合，对某些特殊消费品进行重点调节。而在增值税的类型上，西方多数国家实行消费型增值税，与销售产品有关的一切购进都允许抵扣，而我国在2009年之前则是采用生产型增值税，购进与销售产品有关的原辅材料、低值易耗品、水、电等可以抵扣，而购入的固定资产以及用于消费等方面的则不允许抵扣等；四是税收优惠侧重点的差异。发展中国家倾向于鼓励引进外资和先进技术、增加出口，对某些地区或行业给予普遍优惠，而发达国家更注重高新技术的开发、能源的节约、环境的保护，多采用对外投资减免税等措施；五是纳税人的差异；六是税收征收管理方式的差异等。由此通过税收进行策划和运作的可能性也就产生了。

(四) 其他因素

1.各国对避税的认可程度及反避税方法上的差异。一般而言，没有一个国家不反对大张旗鼓地宣扬避税。但是既然国家以税收为杠杆调节经济，以税收政策综合地反映一个国家的产业政策，体现国家的产业导向，任何国家又不得不鼓励纳税人学习和研究其税收政策及有关法规，在不违背有关法律规定的前提下，采取适当的方法趋利避害，使自己的税收负担降到最小，这样做也是合理的。有时候纳税人利用税法的漏洞，利用税法缺乏溯及力的缺点，打一些"擦边球"，国家税务部门也无可奈何。

另一方面，由于国际税收差异的存在，各国也在强化国际税收衔接，如扩大纳税义务、税法中行使公民税收管辖权以及各种国内和国际反避税措施等。反避税是一项非常复杂的工程，各国对反避税的重视程度、反避税的具体实施方法等都大相径庭。跨国纳税人可以通过研究各国不同的反避税方案来制定自己的国际避税策略。

2.关境与国境的差异。一般而言,关境与国境范围相同,但是当国家在本国设置自由港、自由贸易区和海关保税仓库时,关境就小于国境。对跨国纳税人来说,自由港、自由贸易区是最理想的避税地,也是当今跨国避税的活动中心。自由港、自由贸易区不仅提供关税方面的减免,各种税在这里还享受不同程度的减免,它是现存税收制度中的一块"真空地带"。

3.资本流动。随着经济活动的全球化,跨国投资与跨国经营活动的程度也越来越高。当今的资本流动性越来越大,资本流动的结果是造成相当部分的纳税自然人和法人以各种名义携带资本在国与国之间流动,这种流动可通过有效的财务和税收策划,最终达到实现少纳税的目的。资本的频繁流动会造成纳税自然人和法人减少纳税义务,随着国际经济交往和跨国投资活动的日益发展,这种现象也呈迅速扩大之势。

4.外汇管制与住所的影响。外汇管制是一个国家以财政手段控制国际避税的替代或补充,有助于加强对避税的控制。外汇管制的主要内容是禁止外汇的自由交易。对纳税人住所的有效控制,意味着纳税人处于有关税收管辖权的牢牢控制之下。纳税人若能改变住所或消除某一管辖权范围内的住所,就会扩大避税的范围;反之,则会缩小避税的范围。

六、税收筹划行为的后果

1.纳税人减轻了税收负担,获得了更多的可支配收入。

2.国家减少了税收收入。这表现在三个方面:①税收筹划本身直接导致的税收减少;②税收筹划的负面效应迫使国家投入更多的人力、物力、财力进行反避税;③一种税收筹划方法成功后会招引更多的避税者,使税收收入进一步减少。

3.产生一定的效率损失。一方面,税收筹划通过减少国家财政收入来增加纳税人的可支配收入,容易偏离税收政策的分配意图;另一方面,由于税收筹划增加的收入要扣除纳税人的税收筹划的成本,还要扣除国家反避税的成本,纳税人增加的收入要比实际的少,损失比实际要多,从而导致更为复杂的再分配,降低了资源配置的效率。

第五章 消费税的税收筹划

第一节 消费税纳税人的税收筹划

一、纳税人的法律界定

在中华人民共和国境内生产、委托加工和进口规定的应税消费品的单位和个人，是消费税的纳税人。具体来讲，分为以下几种情况。

1. 生产应税消费品的纳税人。这主要是指从事应税消费品生产的各类企业、单位和个体经营者。生产应税消费品用于销售的，于销售时缴纳消费税。生产应税消费品自己使用而没有对外销售的，按其不同用途区别对待：将生产的应税消费品用于连续生产应税消费品的，不征收消费税；将生产的应税消费品用于生产非应税消费品或用于在建工程、管理部门等非生产机构，以及用于馈赠、赞助、集资、广告、样品、职工福利、奖励等方面的，于消费品移送时缴纳消费税。

2. 委托加工应税消费品的纳税人。委托加工应税品，以委托方为纳税人，一般由受托方代收代缴消费税。但是，委托个体经营者加工应税消费品的，一律于委托加工的应税消费品收回后，在委托方所在地缴纳消费税。委托加工的消费品在提货时已缴纳消费税的，若委托方对外销售，则不再缴纳消费税。若委托方用于连续生产应税消费品，则所纳税款允许按规定扣除。

3. 进口应税消费品的纳税人。进口应税消费品，由货物进口人或代理人在报关进口时缴纳消费税。

二、纳税人的税收筹划

由于消费税是针对特定的纳税人,因此可以通过企业的合并,递延纳税时间。

第一,合并会使原来企业间的购销环节转变为企业内部的原材料转让环节,从而递延部分消费税税款。如果两个合并企业之间存在着原材料供应的关系,则在合并前,这笔原材料的转让关系为购销关系,应该按照正常的购销价格缴纳消费税款。而在合并后,企业之间的原材料供应关系转变为企业内部的原材料转让关系,因此这个环节不用缴纳消费税,而是递延到销售环节再缴纳。

第二,如果后一环节的消费税税率较前一环节的低,则可直接减轻企业的消费税税负。因为前一环节应该征收的税款延迟到后面环节再征收,如果后面环节税率较低,则合并前企业间的销售额,在合并后适用了较低的税率而减轻税负。

【案例5-1】某地区有两家大型酒厂A和B,它们都是独立核算的法人企业。企业A主要经营粮食类白酒,以当地生产的大米和玉米为原料进行酿造,按照消费税法规定,应该适用20%的税率。企业B以企业A生产的粮食白酒为原料,生产系列药酒。企业A每年要向企业B提供价值2亿元,计5000万千克的粮食酒。经营过程中,企业B由于缺乏资金和人才,无法经营下去,准备破产。此时企业B欠企业A共计5000万元货款。经评估,企业B的资产恰好也为5000万元。企业A领导人经过研究,决定对企业B进行收购,其决策的主要依据如下。

依据一:这次收购支出费用较小。由于合并前,企业B的资产和负债均为5000万元,净资产为零。因此,按照现行税法规定,该购并行为属于以承担被兼并企业全部债务方式实现吸收合并,不视为被兼并企业按公允价值转让、处置全部资产,不计算资产转让所得,不用缴纳所得税。此外,两家企业之间的行为属于产权交易行为,按税法规定,不用缴纳增值税。

依据二:合并可以递延部分税款。合并前,企业A向企业B提供的粮食酒,每年应该缴纳的税款则计算如下。

消费税=20000万元×20%+5000万元×2×0.5=9000万元。

增值税=20000万元×13%=2600万元。

而这笔税款一部分合并后可以递延到药酒销售环节缴纳,获得递延纳税好处。

依据三:企业B生产的药酒市场前景很好,企业合并后可以将经营的主要方向转向药酒生产,而且转向后,企业应缴的消费税款将减少。由于粮食酒的消费税税率为20%,而药酒的消费税税率为10%,但以粮食白酒为酒基的泡制酒,税率则为20%。如果企业合并,税负将会大大减轻。

假定药酒的销售额为2.5亿元,销售数量为5000万千克。

合并前应纳消费税款的计算如下。

A厂应纳消费税=20000万元×20%+5000万元×2×0.5=9000万元。

B厂应纳消费税=25000万元×20%+5000万元×2×0.5=10000万元。

合计应纳税款=9000万元+10000万元=19000万元。

合并后应纳消费税款=25000万元×10%+5000万元×2×0.5=10000万元。

合并后节约消费税税款=19000万元-10000万元=9000万元。

第二节 消费税计税依据的税收筹划

一、计税依据的法律界定

计税依据是计算应纳税额的根据。正确掌握计税依据,可以使企业减少不必要的损失,合理、合法地承担税负。我国现行的消费税的计税办法分为从价计征、从量计征和复合计征三种类型,不同的计税方法其计税依据的计算不同。

(一)从价计征的应税消费品计税依据的确定

实行从价定率计征办法的应税消费品以销售额为计税依据,即:

$$应纳税额 = 应税消费品的销售额 \times 消费税税率$$

由于增值税与消费税是交叉征收的税种,为了便于管理,消费税计税依据的销售额同增值税的规定是一样的,为不含增值税、含消费税税款的销售额,即纳税人销售应税消费品向购买方收取的除增值税税款以外的全部价款和价外费用。但下列款项不包括在内:一是承运部门的运费发票开具给购货方的;二是纳税人将该项发票转交给购货方的。其他价外费用,无论是否属于纳税人的收入,均应并入销售额计算征税。

《消费税暂行条例实施细则》规定,应税消费品的销售额,不包括应向购货方收取的增值税税款。如果纳税人应税消费品的销售额中未扣除增值税税款或者因不得开具增值税专用发票而发生价款和增值税税款合并收取的,在计算消费税时,应当换算为不含增值税税款的销售额。其换算公式为:

$$应税消费品的销售额 = \frac{含增值税的销售额}{1 + 增值税税率或征收率}$$

(二)从量计征的消费品计税依据的确定

实行从量定额计征办法的应税消费品以销售数量为计税依据,即:

应纳税额 = 应税消费品的销售数量 × 单位税额

销售数量的确定主要有以下规定:销售应税消费品的计税依据为应税消费品的销售数量;自产自用应税消费品的计税依据为应税消费品的移送使用数量;委托加工应税消费品的计税依据为纳税人收回的应税消费品的数量;进口应税消费品的计税依据为海关核定的应税消费品的进口征税数量。

根据消费税暂行条例规定,实行从量定额办法计算应纳税额的,有黄酒、啤酒、汽油、柴油等应税消费品;在确定销售数量时,如果实际销售的计量单位与《消费税税目(税额)表》规定的计量单位不一致时,应按规定标准进行换算。

(三)复合计税的应税消费品计税依据的确定

复合计税办法下应纳消费税额的计算公式为:

应纳税额 = 销售数量 × 定额税率 + 销售额 × 比例税率

二、计税依据的税收筹划

通过缩小计税依据,可达到直接减轻税负的目的。针对消费税的计税特点,其方法主要包括以下几个方面。

（一）关联企业转移定价

转让定价是指在经济活动中，有关联关系的企业各方为均摊利润或转移利润而在产品交换或买卖过程中，不依照市场买卖规则和市场价格进行交易，而是根据他们之间的共同利益或为了最大限度地维护他们之间的利益而进行的产品或非产品转让。在这种转让中，产品的转让价格根据双方的意愿，可高于或低于市场上由供求关系决定的价格，以达到相互之间利益的最大化。

消费税的纳税行为发生在生产领域而非流通领域（金银首饰除外）。如果将生产销售环节的价格降低，可直接取得节税的利益。因而，关联企业中生产（委托加工、进口）应税消费品的企业，如果以较低的价格将应税消费品销售给其独立核算的销售部门，则可以降低销售额，从而减少应纳消费税税额。而独立核算的销售部门，由于处在销售环节，只缴增值税，不缴消费税，因而，这样做可使集团的整体消费税税负下降，增值税税负保持不变。

由于消费税的课征只选择单一环节，而消费品的流通还存在着批发、零售等若干个流转环节，这在客观上为企业进行税务筹划提供了可能。企业可以采用分设独立核算的经销部、销售公司的办法，降低生产环节的销售价格，经销部、销售公司再以正常价格对外销售。由于消费税主要在生产环节征收，企业的税务负担会因此而减轻。

应当注意的是，由于独立核算的销售部门与生产企业之间存在关联关系，按照《中华人民共和国税收征收管理法》的有关规定，企业或者外国企业在中国境内设立的从事生产、经营的机构、场所与其关联企业之间的业务往来，应当按照独立企业之间的业务往来收取或者支付价款、费用。不按照独立企业之间的业务往来收取或者支付价款、费用，而是为了减少其应纳税的收入或者所得额的，税务机关有权进行合理调整。因此，企业销售给下属销售部门的价格应当参照社会的平均销售价格而定。

【案例5-2】某酒厂主要生产粮食白酒，产品销往全国各地的批发商。按照以往的经验，本地的一些商业零售户、酒店、消费者每年到工厂直接购买的白酒大约1000箱（每箱12瓶，每瓶500毫升）。企业销售给批发部的价格为每箱（不含税）1200元，销售给零售户及消费者的价格为（不含税）1400元。

经过筹划,企业在本地设立了一个独立核算的经销部,企业按销售给批发商的价格销售给经销部,再由经销部销售给零售户、酒店及顾客。已知粮食白酒的税率为20%。

直接销售给零售户、酒店、消费者的白酒应纳消费税额:1400元/箱×1000箱×20%+12瓶/箱×1000箱×500毫升/瓶×0.5元/500毫升=286000元。

销售给经销部的白酒应纳消费税额:1200元/箱×1000箱×20%+12瓶/箱×1000箱×500毫升/瓶×0.5元/500毫升=246000元。

节约消费税额:286000元-246000元=40000元。

这种筹划方法还必须符合国家政策。比如,白酒消费税最低计税价格核定标准如下:①白酒生产企业销售给销售单位的白酒,生产企业消费税计税价格高于销售单位对外销售价格70%(含70%)以上的,税务机关暂不核定消费税最低计税价格;②白酒生产企业销售给销售单位的白酒,生产企业消费税计税价格低于销售单位对外销售价格70%以下的,消费税最低计税价格由税务机关根据生产规模、白酒品牌、利润水平等情况在销售单位对外销售价格的50%～70%内自行核定。其中生产规模较大,利润水平较高的企业生产的需要核定消费税最低计税价格的白酒,税务机关核价幅度原则上应选择在销售单位对外销售价格的60%～70%内。

(二)选择合理的加工方式

委托加工的应税消费品,是指由委托方提供原料和主要材料,受托方只收取加工费和代垫部分辅助材料加工的应税消费品。由受托方提供原材料生产的应税消费品,或者受托方先将原材料卖给委托方,然后再接受加工的应税消费品,以及由受托方以委托方名义购进原材料生产的应税消费品,不论纳税人在财务上是否做销售处理,都不得作为委托加工应税消费品,而应当按照销售自制应税消费品缴纳消费税。

按照消费税条例的规定,委托加工的应税消费品,由受托方在向委托方交货时代收代缴税款。这样,受托方就是法定的代收代缴义务人。纳税人委托个体经营者加工应税消费品的,一律于委托方收回后在委托方所在地缴纳消费税。

委托加工的消费品在提货时已经缴纳消费税的,委托方收回后如以不高于受托方计税价格直接出售的,不再征收消费税;委托方以高于受托方计税价格出售的,不属于直接出售,需按规定申报缴纳消费税,在计税时准予扣除已代收代缴的消费税;如用于继续生产应税消费品的,其所缴税款可按规定扣除。

委托加工的应税消费品,按照受托方的同类消费品的销售价格计算纳税,没有同类消费品销售价格的,按照组成计税价格计算纳税。组成计税价格的计算公式如下:

$$组成计税价格 = \frac{材料成本 + 加工费}{1 - 消费税税率}$$

用委托加工收回的应税消费品连续生产应税消费品,其已纳税款准予按照规定从连续生产的应税消费品应纳消费税税额中抵扣。

下列连续生产的应税消费品准予从应纳消费税税额中按当期生产领用数量计算扣除委托加工收回的应税消费品已纳消费税税款:①以委托加工收回的已税烟丝为原料生产的卷烟;②以委托加工收回的已税高档化妆品为原料生产的高档化妆品;③以委托加工收回的已税珠宝玉石为原料生产的贵重首饰及珠宝玉石;④以委托加工收回的已税鞭炮、焰火为原料生产的鞭炮、焰火;⑤以委托加工收回的已税杆头、杆身和握把为原料生产的高尔夫球杆;⑥以委托加工收回的已税木制一次性筷子为原料生产的木制一次性筷子;⑦以委托加工收回的已税实木地板为原料生产的实木地板;⑧以委托加工收回的已税石脑油、润滑油、燃料油为原料生产的成品油;⑨以委托加工收回的已税汽油为原料生产的汽油、柴油。

(三)自产自用应税消费品的纳税筹划

【案例5-3】2019年春节,甲企业将自产的特制化妆品(假设此种类化妆品不对外销售,且无市场同类产品价格)作为福利发放给职工,此批化妆品的成本为1000万元,成本利润率为5%,消费税税率为15%。请对其进行纳税筹划。

税法依据:纳税人自产自用的应税消费品,按照纳税人生产的同类消费品的销售价格计算纳税;没有同类消费品销售价格的,按照组成计税价格计算纳税。实行从价定率办法计算纳税的组成计税价格计算公式:组成计税价格=(成本+利润)÷(1-比例税率)。

筹划思路:对于自产自用应税消费品用于其他方面需要纳税的情况,若无市场同类商品售价,则成本的高低直接影响组成计税价格的高低,从而影响消费税税额的高低。企业通过降低成本,可以达到降低组成计税价格的目的,从而减轻企业消费税税负。

筹划过程有以下两个方案。

方案一:维持该批产品成本不变。

组成计税价格=1000万元×(1+5%)÷(1-15%)=1235.29万元。

应纳消费税=1235.29万元×15%=185.29万元。

方案二:甲企业通过成本控制,将成本降为800万元。

组成计税价格=800万元×(1+5%)÷(1-15%)=988.24万元。

应纳消费税=988.24万元×15%=148.24万元。

方案二比方案一少纳税37.05万元,因此,应当选择方案二。

筹划点评:降低产品成本具有一定的难度,并不是每个企业都能较为容易地做到,在涉及多种产品成本费用分配的情况下,企业可以选择合理的成本分配方法,将成本合理地较多地分摊到不需计缴消费税的产品上,从而相应地压缩了需要通过计算组成计税价格来计缴消费税产品的成本,进而降低消费税税负。

(四)以应税消费品抵债、入股的筹划

根据税法规定,纳税人用于换取生产资料和消费资料,投资入股和抵偿债务等方面的应税消费品,应当以纳税人同类应税消费品的最高销售价格作为计税依据计算消费税。因此,如果企业存在以应税消费品抵债、入股的情况,最好先销售,再进行抵债或入股的处理。

【案例5-4】某摩托车生产企业,当月对外销售同型号的摩托车时共有三种价格,以4000元的单价销售50辆,以4500元的单价销售10辆,以4800元的单价销售5辆。当月以20辆同型号的摩托车与甲企业换取原材料。双方按当月的加权平均销售价格确定摩托车的价格,摩托车的消费税税率为10%。

税法规定,纳税人自产的应税消费品用于换取生产资料和消费资料、投资入股或抵偿债务等,应当按照纳税人同类应税消费品的最高销售价格作为计税依据。

应纳消费税：4800元/辆×20辆×10%=9600元。

如果该企业按照当月的加权平均单价将这20辆摩托车销售后，再购买原材料，则应纳消费税：

$$\frac{4000元/辆 \times 50辆 + 4500元/辆 \times 10辆 + 4800元/辆 \times 5辆}{50辆 + 10辆 + 5辆} \times 20辆 \times 10\%$$
$$= 8276.92元$$

节税额：9600元-8276.92元=1323.08元。

(五)外购应税消费品用于连续生产的筹划

1. 允许扣除已纳消费税。用外购已缴税的应税消费品连续生产的应税消费品，在计算征收消费税时，按当期生产领用数量计算准予扣除外购的应税消费品已纳的消费税税款：①外购已税烟丝生产的卷烟；②外购已税高档化妆品生产的高档化妆品；③外购已税珠宝玉石生产的贵重首饰及珠宝玉石；④外购已税鞭炮焰火生产的鞭炮焰火；⑤外购的已税杆头、杆身和握把为原料生产的高尔夫球杆；⑥外购的已税木制一次性筷子为原料生产的木制一次性筷子；⑦外购的已税实木地板为原料生产的实木地板；⑧外购的已税石脑油为原料生产的应税消费品；⑨外购的已税润滑油为原料生产的润滑油。

上述当期准予扣除外购应税消费品已纳消费税税款的计算公式为：

当期准予扣除的外购应税消费品已纳税款 =
当期准予扣除的外购应税消费品买价 × 外购应税消费品适用税率
当期准予扣除外购应税消费品买价 = 期初库存的外购应税消费品的买价 +
当期购进的应税消费品的买价 − 期末库存的外购应税消费品的买价

外购已税消费品的买价是指购货发票上注明的销售额（不包括增值税税款）。

2. 外购已税消费品注意事项。生产企业用外购已税消费品连续加工应税消费品时，需要注意的事项如下：①允许扣除已纳税款的应税消费品除了从工业企业购进的应税消费品外，对从符合条件的商业企业购进应税消费品的已纳税款也可以扣除。所谓连续生产，是指应税消费品生产出来后直接转入下一生产环节，未经市场流通；②如果企业购进的已税消费品开具的是普通发票,在换算为不含税的销售额时,应一律按3%的征收率换算。

(六)以外汇结算的应税消费品的筹划

纳税人销售的应税消费品,以外汇结算销售额时,应按外汇市场牌价折合成人民币销售额以后,再按公式计算应纳税额。人民币折合汇率既可以采用结算当天的国家外汇牌价,也可以采用当月1日的外汇牌价。企业应从减轻税负的角度考虑根据外汇市场的变动趋势,选择有利于企业的汇率。一般情况下,越是以较低的人民币汇率计算应纳税额,越有利于减轻税负;外汇市场波动越大,进行税务筹划的必要性也越强。需要注意的是,根据税法规定,汇率的折算方法一经确定,一年内不得随意变动。因此,在选择汇率折算方法的时候,需要纳税人对未来的经济形势及汇率走势做出恰当的判断。在人民币升值时,选每日外汇牌价;在人民币贬值时,选当月1日外汇牌价。

(七)包装物的筹划

根据《消费税暂行条例实施细则》的规定,实行从价定率办法计算应纳税额的应税消费品连同包装销售的,无论包装物是否单独计价,也不论在会计上如何核算,均应并入应税消费品的销售额中征收消费税。如果包装物不作价随同产品销售,而是收取押金,此项押金则不应并入应税消费品的销售额中征税。但对因逾期未收回的包装物不再退还的和已收取一年以上的押金,应并入应税消费品的销售额,按照应税消费品的适用税率征收消费税。

包装物的租金应视为价外费用。对增值税一般纳税人向购买方收取的价外费用和逾期未归还包装物的押金,应视为含税收入,在计征消费税时应首先换算成不含税收入,再并入销售额计税。

【案例5-5】某焰火厂为增值税一般纳税人,当年6月销售焰火100000件,每件价格为234元,另外包装物的价格为23.4元/件,以上价格均为含税价格。假设企业包装物本身的成本为14元/件,焰火的增值税税率和消费税税率分别为13%、15%,不考虑企业所得税的影响。该企业对此销售行为应当如何进行纳税筹划?

筹划分析有以下两个方案。

方案一:采取包装物作价随同产品一起销售的方式。包装物作价随同产品销售的,应并入应税消费品的销售额中征收增值税和消费税。

企业与包装物有关的销售收入=100000件×23.4元/件+(1+13%)=2070796.46元。

与包装物有关的销售成本=100000件×14元/件=1400000元。

与包装物有关的增值税销项税额=100000件×23.4元/件+(1+13%)×13%=269203.54元。

与包装物有关的消费税额=100000件×23.4元/件+(1+13%)×15%=310619.47元。

与包装物有关的利润=2070796.46元-1400000元-310619.47元=360177元。

方案二:采取收取包装物押金的方式。在这种方式下,企业对每件包装物单独收取押金23.4元,则此项押金不并入应税消费品的销售额中征税。这又分以下为两种情况。

1.包装物押金1年内收回。这里需要考虑包装物本身的成本问题。众所周知,即使包装物可以循环使用,但最终是要报废的,本身的成本损耗也就不可避免。此时,企业与包装物有关的销售收入为0,与包装物有关的销售成本为1400000(100000×14)元,与包装物有关的增值税销项税额为0,与包装物有关的消费税额为0,与包装物有关的利润为-1400000(0-1400000-0)元,在这种情况下,与方案一相比,企业减少了1760177元的利润。

2.包装物押金1年内未收回。

1年后企业与包装物有关的销售收入=100000件×23.4元/件÷(1+13%)=2070796.46元。

与包装物有关的销售成本=100000件×14元/件=1400000元。

补缴与包装物有关的增值税销项税额=100000件×23.4元/件÷(1+13%)×13%=269203.54元。

补缴与包装物有关的消费税额=100000件×23.4元/件÷(1+13%)×15%=310619.47元。

与包装物有关的利润=2070796.46元-1400000元-310619.47元=360177元。

在这种情况下,与方案一相比,企业利润都是360177元,但是与包装物有关的增值税和消费税(合计579823元)是在1年以后补缴的,这样就使企业延缓了纳税时间,获取了资金时间价值,为企业的生产经营提供了便利。

可见,企业可以考虑在情况允许时,不将包装物作价随同产品出售,而是采用收取包装物押金的方式,并对包装物的退回设置一些条款(如包装物有损坏则没收全部押金),以保证包装物押金不被退回,这样就可以缓缴税金。

(八)利用进口环节的价格缩小税基

纳税人进口应税消费品,其税目、税率(税额)依照《消费税暂行条例》所附的《消费税税率(税额)表》执行,按照组成计税价格和规定税率计算应纳税额。通过《进口环节消费税税目税率表》可以看到消费税最高可达45%的分类分项差别税率,高税率也说明了进行税收筹划的必要性。进口环节的消费税和国内征收的消费税一样,同样分为从量定额、从价定率及从价定率与从量定额相结合三种征收方式,具体计算公式如下。

实行从量定额办法计征的应税消费品的应纳税额的计算公式为:

$$应纳税额 = 应税消费品数量 \times 消费税单位税额$$

应税消费品数量是指海关核定的应税消费品进口征税数量。

实行从价定率办法计征的应税消费品的应纳税额的计算公式为:

$$组成计税价格 = \frac{关税完税价格 + 关税}{1 - 消费税税率}$$

如进口的应税消费品属于适用从价定率与从量定额相结合的办法计征的产品,其计算公式为:

$$组成计税价格 = \frac{关税完税价格 + 关税 + 消费税定额税}{1 - 消费税税率}$$

$$应纳税额 = 组成计税价格 \times 适用税率$$

从上面的计算公式可知,对商品进口的消费税进行税收筹划时,对从量定额计征的消费品,由于数量的刚性及定额税率的确定性,筹划空间是非常小的。而对涉及从价定率征收的商品,其组成计税价格中,主要包括关税完税价格、关税,在需要同时从量定额征收时,还包括消费税定额税。其中可以筹划的主要为关税完税价格及关税,尤其是关税完税价格具有相对更大的筹划空间。我国以海关审定的正常成交价格为基础的到岸价格作为关税完税价格。到岸价格包括货价,加上货物运抵我国关境内输入地点起卸前的包装费、运费、保险费和其他劳务费等费用。如果可以适当降低货价或降低费用就可以降低相应的关税完税价格,从而降低消费税的计税依据。

【案例5-6】某汽车公司是一家全球性的跨国大公司,该公司生产的汽车在世界汽车市场上占有一席之地。2016年7月,该公司希望扩大在中国的市场占有份额,决定利用我国汽车关税税率从30%下降到25%的有利时机,大幅度降低公司汽车的国内销售价格,从而占领中国市场。该公司汽车的消费税税率为15%,以前的到岸价格为80万元人民币(不含增值税)。

关税税率降低后,公司汽车进口时应纳关税及消费税计算如下。

关税=80万元×25%=20万元。

消费税=(80+20)万元÷(1−15%)×15%=17.65万元。

而在关税税率降低前,公司汽车进口时应纳关税及消费税计算如下。

关税=80万元×30%=24万元。

消费税=(80+24)万元÷(1−15%)×15%=18.35万元。

相比原来的关税税率,公司的汽车价格下降空间为4.7(24+18.35−20−17.65)万元,空间并不大,因此公司决定采用另一方案。由公司在国内寻找一个合作伙伴,公司将以60万元的价格将汽车销售给合作伙伴,然后由销售公司在国内进行销售。当然,公司和合作伙伴之间签订了相关的协议,对于销售价格减少的20万元由合作伙伴以其他方式返还给该汽车公司。

此时,公司汽车进口时应纳关税及消费税计算如下。

应纳关税=60万元×25%=15万元。

应纳消费税=(60+15)万元÷(1−15%)×15%=13.24万元。

这样,公司汽车在进口环节缴纳的税收较关税税率降低前减少14.11(24+18.35−15−13.24)万元,如果考虑增值税因素,减少的税收更多。因此可以在保证公司利润不减少的情况下,汽车的市场销售价格下降15万元以上,大幅度提高了该公司汽车的市场竞争力。

当然,在采用类似方法进行筹划时,还需要考虑海关对完税价格的确定方法。如果进口货物的成交价格不符合法律规定的条件,或者成交价格不能确定,海关与纳税义务人进行价格磋商后,会依次以下列方法审查确定该货物的完税价格。

一是相同货物成交价格估价方法,即以与该货物同时或大约同时向我国境内销售的相同货物的成交价格来估定完税价格。

二是类似货物成交价格估价方法,即以与该货物同时或大约同时向我国境内销售的类似货物的成交价格来估定完税价格。

三是倒扣价格估价方法,即以与该货物进口的同时或大约同时,将该进口货物、相同或类似进口货物在第一级销售环节销售给无特殊关系买方最大销售总量的单位价格来估定完税价格,但应当扣除同等级或同种类货物在我国境内第一级销售环节销售时通常的利润、一般费用及通常支付的佣金,进口货物运抵境内输入地点起卸后的运输及其相关费用、保险费,以及进口关税及国内税收。

四是计算价格估价方法,即以按照下列各项总和计算的价格估定完税价格。生产该货物所使用的料件成本和加工费用,向我国境内销售同等级或同种类货物通常的利润和一般费用,该货物运抵境内输入地点起卸前的运输及其相关费用、保险费。

五是其他合理方法,即当海关不能根据上述方法确定完税价格时,海关根据客观、公平、统一的原则,以客观量化的数据资料为基础审查确定进口货物完税价格的估价方法。

在上例中,当汽车公司将进口价格从80万元降到60万元时,要注意海关是否会对其价格按以上顺序进行调整。在缺乏市场同类货物可比价格时,该方法是可行的。比如高档汽车由于品牌差异,价格空间巨大,所以该调整是可行的。另外在该例中,由于该公司汽车在国内市场的价格也会下降,所以海关采用倒扣价格估价方法也是可行的。

在进口应税消费品时,还需注意对不同税率的消费品或同时进口的非应税消费品分别组织进口,这样也可以降低消费税。因为根据税法规定,对下列情况,应按适用税率中最高税率征税,内容包括:①纳税人兼营不同税率的应税消费品,即进口或生产销售两种税率以上的应税消费品时,应当分别核算不同税率应税进口消费品的进口额或销售数量,未能分别核算的,按最高税率征税;②纳税人将应税消费品与非应税消费品,或者将适用不同税率的应税消费品组成成套消费品销售的,应根据组合产品的销售金额按应税消费品的最高税率征税。

(九)延期纳税的纳税筹划

【案例5-7】甲为一家化妆品生产厂家,现向A客户赊销化妆品一批,不含增值税价格为2000万元,合同中约定的收款日期为7月31日。化妆品的消费税税率为15%,该厂家消费税纳税期限为1个月,同期银行存款利率为3%。请对其进行纳税筹划。

税法依据:纳税人采取赊销和分期收款结算方式的,其纳税义务的发生时间,为销售合同规定的收款日期的当天;纳税人采取预收货款结算方式的,其纳税义务的发生时间,为发出应税消费品的当天;纳税人采取托收承付和委托银行收款方式销售的应税消费品,其纳税义务的发生时间,为发出应税消费品并办妥托收手续的当天;纳税人采取其他结算方式的,其纳税义务的发生时间,为收讫销售款或者取得索取销售款的凭据的当天。《中华人民共和国消费税暂行条例》第十四条规定,纳税人以1个月或者1个季度为1个纳税期的,自期满之日起15日内申报纳税。

筹划思路:纳税人可以充分利用消费税纳税义务发生时间和纳税期限的有关规定,合理延迟纳税义务发生时间,从而可以充分利用资金的时间价值。

方案一:合同中该笔款项的收款时间仍确定为7月31日。

则7月份为纳税义务发生时间,甲企业须于8月15日之前缴纳税款。假设8月10日缴纳税款,则8月10日纳税额=2000万元×15%=300万元。

方案二:经与客户协商,将合同中该笔款项的收款时间确定为8月1日。

则8月份为纳税义务发生时间,甲企业须于9月15日之前缴纳税款。假设9月10日缴纳税款,则折现到8月10日的纳税额=300万元÷(1+3%÷12)=299.25万元。

方案二比方案一纳税支出现值少0.75万元,即相当于少交了0.75万元的税款,因此,应当选择方案二。

筹划点评:通过合同中将赊销收款日期延迟一天,从而使纳税义务发生时间延迟一个月,进而充分利用了货币的时间价值,相当于从银行获取一笔一个月的无息贷款。若同时考虑增值税及城建税和教育费附加,则节税效果更加明显。

第三节 消费税税率的税收筹划

一、税率的法律界定

消费税税率分为比例税率和定额税率。消费税税率形式的选择，主要是根据课税对象的具体情况来确定的，对一些供求基本平衡，价格差异不大，计量单位规范的消费品，选择计税简便的定额税率，如黄酒、啤酒、汽油、柴油等；对一些供求矛盾突出、价格差异较大、计量单位不规范的消费品，选择价税联动的比例税率，如烟、白酒、化妆品等。同一种产品由于其产品性能、价格、原材料构成不同，其税率也高低不同。如酒类产品，分为粮食白酒、薯类白酒、酒精、啤酒、黄酒和其他酒等，分别适用不同的税率。2001年6月1日后，烟、粮食白酒和薯类白酒改为定额税率和比例税率复合征收税制。

二、税率的筹划

纳税人应针对消费税的税率多档次的特点，根据税法的基本原则，正确进行必要的合并核算和分开核算，以求达到节税的目的。

由于应税消费品所适用的税率是固定的，只有在兼营不同税率应税消费品的情况下，纳税人才能选择合适的销售方式和核算方式，达到适用较低的消费税率、减轻税负的目的。当企业兼营多种不同税率的应税消费品时，应当分别核算不同税率应税消费品的销售额、销售数量。因为税法规定，未分别核算销售额、销售数量，或者将不同税率的应税消费品组成成套消费品出售的，应从高适用税率，这无疑会增加企业的税收负担。

按照这一规定，一是消费税纳税人同时经营两种以上税率的应税消费品行为，则应分别核算。如某酒类综合生产企业，既生产粮食白酒又生产其他酒，两种酒的比例税率分别为20%和10%，则企业应分别核算粮食白酒和其他酒的销售额。若未分别核算，那么在纳税时，要按每500克0.5元的定额税率征税，同时按照两种酒的销售额合计，用粮食白酒20%的税率计征消费税；二是消费税纳税人将两种不同税率的应税消费品组成成套消费品销售，应尽量采取先销售后包装的形式。如化妆品公司将其生产的化妆品和金银首饰包装在一起销售,化妆品的税率为15%,金银首饰的税率为5%,则金银首饰计税依据应是两种消费品的销售额合计,按化妆品15%的税率计征消费税。

习惯上,工业企业销售产品,都采取"先包装后销售"的方式进行。按照上述规定,如果改成"先销售后包装"的方式,则可以大大降低消费税的税负。

具体的操作方法可以从两方面考虑:其一,将上述产品先分品种的类别销售给零售商,再由零售商包装后对外销售,这样做实际上只是在生产流程上换了一个包装地点,在销售环节将不同类别的产品分别开具发票,在财务环节对不同的产品分别核算销售收入;其二,如果当地税务机关对有关操作环节要求比较严格,还可以采取分设机构的操作方法,即另外再设立一个独立核算的、专门从事包装发外销售的门市部。

另一种税率的筹划方法是根据税法的有关规定对不同等级的应税消费品进行定价筹划。应税消费品的等级不同,消费税的税率不同。纳税人可以根据市场供需关系和税负的多少,合理定价,以获得税收利益。

如每吨啤酒出厂价格(含包装物及包装物押金)在3000元(含3000元,不含增值税)以上的,单位税额每吨250元,在3000元以下的单位税额每吨220元;卷烟的比例税率为每标准条(200支,下同)调拨价格在70元(含70元,不含增值税,下同)以上的卷烟税率为56%,每标准条调拨价格不足70元的,税率为36%。

【案例5-8】(手表起征点纳税筹划)甲企业是一家中高档手表生产企业,2019年生产并销售某一款中高档手表,每只手表的出厂价格为10100元(不含增值税),与此相关的成本费用为5000元。请对其进行纳税筹划。

税法依据:高档手表税率为20%。消费税新增和调整税目征收范围注释中,高档手表是指销售价格(不含增值税)每只在10000元(含)以上的各类手表。

筹划思路:巧妙运用起征点的规定,适当降低产品价格,从而有可能规避消费税纳税义务,进而有可能增加税后利润。

筹划过程有以下两个方案。

方案一:将每只手表的出厂价格定为10100元,税法认定其为高档手表。

每只高档手表应纳消费税=10100元×20%=2020元。

应纳城建税及教育费附加=2020元×(7%+3%)=202元。

每只高档手表的利润=10100元-5000元-2020元-202元=2878元。

方案二：将每只高档手表的出厂价格降至9900元，税法不认定其为高档手表。

每只手表应纳消费税=0元。

应纳城建税及教育费附加=0元。

每只手表的利润=9900元-5000元-0元-0元=4900元。

方案二比方案一每只手表多获取利润2022元，少缴消费税2020元，少缴城建税及教育费附加202元，因此，应当选择方案二。

筹划点评：下面通过计算来找出手表的定价禁区：若每只手表定价为9999.99元，则不缴消费税，而企业若定价大于或等于10000元，则设企业将手表定价为X元，计算如下。

$$X - X \times 20\% \times (1 + 7\% + 3\%) > 9999.99$$

$$X > 12820.5$$

也就是说，要么定价低于10000元，获取免税待遇，要么定价高于12820.5元，使增加的收入可以弥补多交的税费。

第六章 企业所得税的税收筹划

第一节 企业所得税纳税人身份的税收筹划

一、企业所得税的纳税人

（一）居民企业与居民企业纳税人

1.居民企业的概念。《企业所得税法》第二条规定：企业分为居民企业和非居民企业。居民企业包括两大类：一类是依照中国法律、行政法规在中国境内成立的企业、事业单位、社会团体以及其他取得收入的组织；另一类是依照外国（地区）法律成立的企业和其他取得收入的组织。

需要解释的是，"依法在中国境内成立的企业"中的"法"是指中国的法律、行政法规。目前我国法人实体中各种企业及其他组织类型分别由各个领域的法律、行政法规规定。如《中华人民共和国公司法》《中华人民共和国全民所有制工业企业法》《中华人民共和国乡镇企业法》《事业单位登记管理暂行条例》《社会团体登记管理条例》《基金会管理办法》等，都是有关企业及其他取得收入的组织成立的法律、法规依据。

居民企业如果是依照外国法律成立的，必须具备其实际管理机构在中国境内这一条件。实际管理机构是指对企业的生产经营、人员、账务、财产等实施实质性全面管理和控制的机构。我国借鉴国际惯例，对实际管理机构做出了明确的界定，这里所指的实际管理机构通常要求符合以下三个条件。

（1）对企业有实质性管理和控制的机构：实际管理机构与名誉上的企业行政中心不同，属于企业真实的管理中心之所在。一个企业在利用资源和取得收入方面往往和其经营活动的管理中心联系密切。国际私法中对法人所在地的判断标准中，通常采取"最密切联系地"的标准，也符合实质重于形式的原则。税法将实质性管理和控制作为认定实际管理机构的标准之一，有利于防止外国企业逃避税收征管，从而保障我国的税收主权。

(2)对企业实行全面管理和控制的机构：如果该机构只是对该企业的一部分或并不关键的生产经营活动进行影响和控制，比如只是对在中国境内的某一个生产车间进行管理，则不被认定为实际管理机构。只有对企业的整体或者主要的生产经营活动有实际管理控制，对本企业的生产经营活动负总体责任的管理控制机构，才符合实际管理机构标准。

(3)管理和控制的内容是企业的生产经营、人员、账务、财产等：这是界定实际管理机构的最关键标准，尤其在控制时特别强调人事权和财务权的控制。

2.居民企业的税收政策。居民企业负有全面的纳税义务。居民企业应当就其来源于中国境内、境外的所得缴纳企业所得税。

这里所指的所得，包括销售货物所得、提供劳务所得、转让财产所得、股息红利等权益性投资所得、利息所得、租金所得、特许权使用费所得、接受捐赠所得和其他所得。

3.属于居民企业的公司制企业的税收政策。公司制企业属于法人实体，有独立的法人财产，享有法人财产权。公司以其全部财产对公司的债务承担有限责任。公司制企业一般分为有限责任公司和股份有限公司两大类。《中华人民共和国公司法》还规定了两种特殊形式的有限责任公司：一人有限责任公司和国有独资公司。

无论是有限责任公司(包括一人有限责任公司和国有独资公司)还是股份有限公司，作为法人实体，我国税法作了统一规定，即公司制企业应对其实现的利润总额作相应的纳税调整后缴纳企业所得税，如果向自然人投资者分配股利或红利，还要按20%的税率代扣投资者的个人所得税。

目前，中国还处于社会转型期，国有独资公司作为拥有大量国有资产的国有企业还享受一些税收优惠政策，如国有独资企业之间划拨土地、房产等各类资产，以及国有独资企业改制时，免征资产交易过程中的契税、企业所得税等。

(二)非居民企业与非居民纳税人

1.非居民企业的概念。非居民企业,是指依照外国(地区)法律成立且实际管理机构不在中国境内,但在中国境内设立机构、场所的,或者在中国境内未设立机构、场所,但有来源于中国境内所得的企业。

这里所说的机构、场所,是指在中国境内从事生产经营活动的机构、场所,它包括以下情形:①管理机构、营业机构、办事机构。管理机构是指对企业生产经营活动进行管理决策的机构;营业机构是指企业开展日常生产经营活动的固定场所,如商场等;办事机构是指企业在当地设立的从事联络和宣传等活动的机构,如外国企业在中国设立的代表处,往往为开拓中国市场进行调查和宣传等工作,为企业到中国开展经营活动打下基础;②工厂、农场、开采自然资源的场所,这三类场所属于企业开展生产经营活动的场所。工厂是工业企业,如制造业的生产厂房、车间所在地;农场是农业、牧业等生产经营的场所;开采自然资源的场所主要是采掘业的生产经营活动场所,如矿山、油田等;③提供劳务的场所,包括从事交通运输、仓储租赁、咨询经纪、科学研究、技术服务、教育培训、餐饮住宿、中介代理、旅游、娱乐、加工以及其他劳务服务活动的场所;④从事建筑、安装、装配、修理、勘探等工程作业的场所:包括建筑工地、港口码头、地质勘探场地等;⑤其他从事生产经营活动的机构、场所;⑥非居民企业委托营业代理人在中国境内从事生产经营活动的,包括委托单位和个人经常代其签订合同,或者储存、交付货物等,该营业代理人视为非居民企业在中国境内设立的机构、场所。

2.非居民纳税人的税收政策。其主要包括:①非居民企业在中国境内设立机构、场所的,应当就其所设机构、场所取得的来源于中国境内的所得,以及发生在中国境外但与其所设机构、场所有实际联系的所得,缴纳企业所得税。这里的实际联系,是指非居民企业在中国境内设立的机构、场所拥有据以取得所得的股权、债权,以及拥有、管理、控制据以取得所得的财产等;②非居民企业在中国境内未设立机构、场所的,或者虽设立机构、场所但取得的所得与其所设机构、场所没有实际联系的,应当就其来源于中国境内的所得缴纳企业所得税。

(三)子公司与分公司

《中华人民共和国公司法》第十四条规定:子公司具有法人资格,依法独立承担民事责任;分公司不具有法人资格,其民事责任由公司承担。子公司和分公司存在较大差别,下面我们分析两者的特征及其税收政策。

1.子公司是企业所得税的独立纳税人。子公司是对应母公司而言的,是指被另一家公司(母公司)有效控制的下属公司或者是母公司直接或间接控制的一系列公司中的一家公司。子公司是一个独立企业,具有独立的法人资格。

子公司因其具有独立法人资格,而被设立的所在国视为居民企业,通常要履行与该国其他居民企业一样的全面纳税义务,同时也能享受所在国为新设公司提供的免税期或其他税收优惠政策。但建立子公司一般需要复杂的手续,财务制度较为严格,必须独立开设账簿,并需要复杂的审计和证明,经营亏损不能冲抵母公司利润,与母公司的交易往往是税务机关反避税审查的重点内容。

2.分公司不是企业所得税的独立纳税人。分公司是指公司独立核算的、进行全部或部分经营业务的分支机构,如分厂、分店等。分公司是企业的组成部分,不具有独立的法人资格。

《企业所得税法》第五十条规定:居民企业在中国境内设立不具有法人资格的营业机构的,应当汇总计算并缴纳企业所得税。汇总纳税是指一个企业总机构和其分支机构的经营所得,通过汇总纳税申报的办法实现所得税的汇总计算和缴纳。我国实行法人所得税制度,不仅是引入和借鉴国际惯例的结果,也是实现所得税调节功能的必然选择。

法人所得税制要求总、分公司汇总计算缴纳企业所得税。因此,设立分支机构,使其不具有法人资格,就可由总公司汇总缴纳所得税。这样可以实现总、分公司之间盈亏互抵,合理减轻税收负担。

二、企业所得税纳税人的税收筹划方法

(一)纳税主体身份的选择

企业在投资设立时,要考虑纳税主体的身份与税收之间的关系。因为不

同身份的纳税主体会面对不同的税收政策。

1.居民企业纳税人与非居民企业纳税人的选择。

【案例6-1】(选择纳税人身份的纳税筹划)甲企业现有两种运营方式:一是依照外国法律成立但其实际管理机构在中国境内;二是依照外国法律成立其实际管理机构不在中国境内,且在中国境内不设立机构、场所。假设两种方式下每年来源于中国境内的应纳税所得额均为1000万元,且没有来源于中国境外的所得。请对其进行纳税筹划。

筹划思路:居民企业或非居民企业在不同的情况下适用企业所得税税率是不同的,企业可以通过选择不同的运营方式来适用低税率,从而降低企业所得税税负。

筹划过程有以下两个方案。

方案一:依照外国法律成立但其实际管理机构在中国境内,即成为居民纳税义务人的一种。

应纳企业所得税=1000万元×25%=250万元。

方案二:依照外国法律成立其实际管理机构不在中国境内,且在中国境内不设立机构、场所,即成为非居民纳税义务人的一种。

应纳企业所得税=1000万元×10%=100万元。

方案二比方案一少缴所得税150万元,因此,应当选择方案二。

筹划点评:依照外国法律成立其实际管理机构不在中国境内,且在中国境内不设立机构、场所,虽然会降低企业所得税税率,但必然会降低来源于中国境内的所得,企业应当权衡利弊,综合考虑,最终选择合适的运营方式。

2.个人独资企业、合伙企业与公司制企业的选择。个人独资企业、合伙企业与公司制企业的主要差异如下。

(1)法律责任的差异:从法律角度上看,公司制企业属于法人企业,出资者以其出资额为限承担有限责任;个人独资企业、合伙企业适用于规模小的企业,属于自然人企业,出资者需要承担无限责任。

(2)税收待遇的差异:我国对个人独资企业、合伙企业从2000年1月1日起,比照个体工商户的生产、经营所得,适用五级超额累进税率征收个人所得税。而公司制企业需要缴纳企业所得税。如果向个人投资者分配股息、红利的,还要代扣其个人所得税(投资个人分回的股利、红利,税法规定适用20%的比例税率),由此形成"双重征税"。

因此,在选择企业的组织形式时要比较是选择公司制企业还是选择合伙企业。选择公司制企业承担有限责任,有利于公司的扩张、管理,但要承担双重税负;选择合伙企业具有纳税上的好处,但要承担无限责任。

一般而言,规模庞大、管理水平要求高的大企业,宜采用公司制企业的形式,因为规模大的企业需要的资金较多,采用公司制,因其信誉好,容易拉来资金,可以更好地解决融资问题。另外这类企业管理难度大,经营风险大,如果采用合伙企业组织形式,就得承担无限责任,对投资者来说压力太大,因而不宜采用合伙企业的形式。此外,公司制企业因为信誉好,税务机关对这类企业也较放心,税收环境相对宽松。

对于规模不大的企业采用合伙企业形式比较合适。这类企业由于规模偏小,管理难度不大,合伙共管也可以见成效。最重要的还在于合伙企业由于纳税规定上的优惠会获得较高的利润。

3.个体工商户与公司制企业的选择。在所得税方面,个体工商户的生产经营所得适用五级超额累进税率。2019年小微企业标准大幅放宽,优惠大大增加(2019年1月1日起实施,有效期三年):企业资产总额5000万元以下,从业人数300人以下,应纳税所得额300万元以下。对小型微利企业年应纳税所得额不超过100万元、100万元到300万元的部分,分别减按25%、50%计入应纳税所得额,企业所得税年应纳所得额100万以下实际税率降为5%,100万元至300万元降为10%。

4.子公司与分公司的选择。企业投资设立分支机构时,不同的组织形式各有利弊。子公司是以独立的法人身份出现的,因而可以享受子公司所在地提供的包括减免税在内的税收优惠。但设立子公司手续繁杂,需要具备一定的条件;子公司必须独立开展经营、自负盈亏、独立纳税;在经营过程中还要接受当地政府部门的监督管理等。

分公司不具有独立的法人身份,因而不能享受当地的税收优惠。但设立分公司手续简单,有关财务资料也不必公开,分公司不需要独立缴纳企业所得税,并且分公司这种组织形式便于总公司管理控制。

设立子公司与设立分公司的税收利益孰高孰低并不是绝对的,它受到一国税收制度、经营状况及企业内部利润分配政策等多种因素的影响。通常而言,在投资初期分支机构发生亏损的可能性比较大,宜采用分公司的组织形式,其亏损额可以和总公司损益合并纳税。当公司经营成熟后,宜采用子公司的组织形式,以便充分享受所在地的各项税收优惠政策。

(二)纳税主体身份的转变

纳税主体就是通常所称的纳税人,即法律、行政法规规定负有纳税义务的单位和个人。企业所得税的纳税义务人就是指在我国境内的企业和其他取得收入的组织。按照国际税收惯例,企业所得税强调法人税制,即企业所得税的纳税主体必须是独立的法人单位,只有具有法人资格的单位才能申报纳税。

而不构成法人主体的分支营业机构,必须与总机构汇总纳税。这样就可以通过一定的筹划方法,改变纳税主体的性质,使其不成为企业所得税的纳税人,于是企业所得税就可以降低乃至完全规避。

在我国,法人单位主要有以下四类:①行政机关法人;②事业法人;③社团法人;④企业法人。对于不具有法人资格的分公司和企业内部的组织,都不是独立的法人单位,都无须缴纳企业所得税。

第二节 企业所得税税率的税收筹划

一、企业所得税的税率

(一)企业所得税的基本税率

《企业所得税法》第四条规定:企业所得税的税率为25%。无论内资企业还是外资企业,一律执行相同的基本税率,这在一定程度上保持了税收的公平性,是我国整体降低企业所得税负担的重要表现。

在中国没有设立机构、场所,或者虽然设立机构、场所,但来源于中国境内的、与所设机构、场所没有实际联系的所得,适用20%的企业所得税税率。

按《企业所得税法实施条例》规定,上述所得减按10%的税率征收企业所得税。比如,一家美国建筑设计公司在中国境内没有设立机构场所,那么对其来自上海某建设单位的设计费收入应按10%的税率征收企业所得税。

(二)企业所得税的优惠税率

1.小型微利企业20%的低税率。《企业所得税法》第二十八条规定:符合条件的小型微利企业,减按20%的税率征收企业所得税。

自2019年1月1日至2021年12月31日,对小型微利企业年应纳税所得额不超过100万元的部分,减按25%计入应纳税所得额,按20%的税率缴纳企业所得税;对年应纳税所得额超过100万元但不超过300万元的部分,减按50%计入应纳税所得额,按20%的税率缴纳企业所得税。

小型微利企业是指从事国家非限制和禁止行业,且同时符合以下三个条件的企业:①年度应纳税所得额不超过300万元;②从业人数不超过300人;③资产总额不超过5000万元。无论查账征收方式或核定征收方式均可享受优惠。

2.高新技术企业15%的优惠税率。《企业所得税法》第二十八条规定:国家需要重点扶持的高新技术企业,减按15%的税率征收企业所得税。

《高新技术企业认定管理办法》规定,高新技术企业必须满足以下条件:①在中国境内(不含港、澳、台地区)注册的企业,近三年内通过自主研发、受让、受赠、并购等方式,或通过五年以上的独占许可方式,对其主要产品(服务)的核心技术拥有自主知识产权;②产品(服务)属于《国家重点支持的高新技术领域》规定的范围;③具有大学专科以上学历的科技人员占企业当年职工总数的30%以上,其中研发人员占企业当年职工总数的10%以上;④企业为获得科学技术(不包括人文、社会科学)新知识,创造性运用科学技术新知识,或实质性改进技术、产品(服务)而持续进行了研究开发活动,且近三个会计年度的研究开发费用总额占销售收入总额的比例符合如下要求:最近一年销售收入小于5000万元的企业,比例不低于6%;最近一年销售收入在5000万元至20000万元的企业,比例不低于4%;最近一年销售收入在20000万元以上的企业,比例不低于3%。其中,企业在中国境内发生的研究开发费用总额占全部研究开发费用总额的比例不低于60%。企业注册成立时间不足三年的,按实际经营年限计算;⑤高新技术产品(服务)收入占企业当年总收入的60%以上;⑥企业研究开发组织管理水平、科技成果转化能力、自主知识产权数量、销售与总资产成长性等指标符合《高新技术企业认定管理工作指引》的要求。

二、税率的筹划方法

(一)享受低税率政策

由于企业所得税的税率有三个不同的档次,税率存在显著差异。因此,企业可以创造条件设立高新技术企业,从而享受15%的低税率。当然,对于规模较小、盈利水平一般的企业,也可将其盈利水平控制在一定范围之内,从而适用小型微利企业20%的低税率。

【案例6-2】(一般企业转化为小型微利企业的纳税筹划)甲商业企业共有两个相对独立的门市部,该企业在2019年12月前预计2019年年度应纳税所得额为500万元,假设没有纳税调整项目,即税前利润正好等于应纳税所得额。而这两个门市部税前利润以及相应的应纳税所得额都为250万元,从业人数70人,资产总额900万元。请对其进行纳税筹划。

筹划思路:企业可以根据自身经营规模和盈利水平的预测,将有限的盈利水平控制在限额以下,从而成为小型微利企业,以期适用较低的税率。另外,将大企业分立为小型微利企业,也可达到适用低税率的目的。

筹划过程有以下两种方案。

方案一:维持原状。

应纳企业所得税=500万元×25%=125万元。

方案二:将甲商业企业按照门市部分立为两个独立的企业A和企业B。

A企业应纳企业所得税=100万元×25%×20%+(250-100)万元×50%×20%=5万元+15万元=20万元。

B企业应纳企业所得税=100万元×25%×20%+(250-100)万元×50%×20%=5万元+15万元=20万元。

企业集团应纳企业所得税总额=20万元+20万元=40万元。

方案二比方案一少缴企业所得税85(125-40)万元,因此,应当选择方案二。

筹划点评：甲商业企业按照门市部分立为两个独立的企业，必然要耗费一定的费用，也有可能会影响正常的经营，也不利于今后规模的扩大。因此，还需权衡利弊。

(二)预提所得税的筹划

预提所得税简称"预提税"。预提所得税制度是指一国政府对没有在该国境内设立机构、场所的外国公司、企业和其他经济组织从该国取得的股息、利息、租金、特许权使用费所得，或者虽设立机构、场所，但取得的所得与其所设机构、场所没有实际联系的，由支付单位按支付金额扣缴所得税的制度。

【案例6-3】某外国企业拟到中国开展劳务服务，预计每年获利1000万元人民币（假定不存在其他纳税调整事项）。该企业面临以下三种选择：①在中国境内设立实际管理机构；②在中国境内不设立实际管理机构，但设立营业机构，营业机构适用25%的所得税税率。劳务收入通过该营业机构取得；③在中国境内既不设立实际管理机构，也不设立营业机构。

对于上述三种不同选择，该外国企业的收入面临不同的税率和纳税状况，具体分析如下：如果该外国企业选择在中国境内设立实际管理机构，则一般被认定为居民企业，这种情况下适用的企业所得税税率为25%，则应纳企业所得税=1000万元×25%=250万元

如果该外国企业选择在中国境内不设立实际管理机构，设立营业机构并以此获取收入，则获取的所得适用该营业机构的税率为25%，则应纳企业所得税=1000万元×25%=250万元

如果该外国企业在中国境内既不设立实际管理机构，也不设立经营场所，则其来源于中国境内的所得适用10%的预提所得税税率，则应纳企业所得税=1000万元×10%=100万元

第三节 企业所得税计税依据的税收筹划

一、计税依据的法律界定

企业所得税的计税依据是应纳税所得额。应纳税所得额,是指纳税人在一个纳税年度的收入总额减除成本、费用和损失等后的余额。

(一)应纳税所得额的计算

《中华人民共和国企业所得税法实施条例》(下称《企业所得税法实施条例》)第九条规定:企业应纳税所得额的计算,以权责发生制为原则,属于当期的收入和费用,不论款项是否收付,均作为当期的收入和费用;不属于当期的收入和费用,即使款项已经在当期收付,均不作为当期的收入和费用。

权责发生制以企业经济权利和经济义务是否发生作为计算应纳税所得额的依据,注重强调企业收入与费用的时间配比,要求企业收入与费用的确认时间不得提前或滞后。企业在不同纳税期间享受不同的税收优惠政策时,坚持按权责发生制原则计算应纳税所得额,可以有效防止企业利用收入和支出确认时间的不同规避税收。另外,《企业会计准则》规定,企业要以权责发生制为原则确认当期收入或费用,计算企业生产经营成果。新《企业所得税法》与《企业会计准则》采用同一原则确认当期收入或费用,有利于减少两者的差异,减轻纳税人的税收遵从成本。

《企业所得税法》第五条规定,企业每一纳税年度的收入总额,减除不征税收入、免税收入,各项扣除以及允许弥补的以前年度亏损后的余额,为应纳税所得额。因此,应纳税所得额的计算公式可以表示如下:

应纳税所得额 = 收入总额 − 不征税收入 − 免税收入 − 各项扣除 − 允许弥补的以前年度亏损

在计算应纳税所得额时,企业财务、会计处理办法与税收法律、行政法规的规定不一致的,应当依照税收法律、行政法规的规定计算纳税。

(二)收入项目

为防止纳税人将应征税的经济利益排除在应税收入之外,《企业所得税法》将企业以货币形式和非货币形式取得的收入,都作为收入总额来对待。

《企业所得税法实施条例》将企业取得收入的货币形式,界定为取得的现金、存款、应收账款、应收票据、准备持有至到期的债券投资以及债务的豁免等；企业取得收入的非货币形式,界定为固定资产、生物资产、无形资产、股权投资、存货、不准备持有至到期的债券投资、劳务以及有关权益等。由于取得收入的货币形式的金额是确定的,而取得收入的非货币形式的金额不确定,企业在计算非货币形式收入时,必须按一定标准折算为确定的金额,即企业以非货币形式取得的收入,按照公允价值确定收入额。

收入总额中的下列收入为不征税收入：财政拨款,依法收取并纳入财政管理的行政事业性收费、政府性基金,国务院规定的其他不征税收入。

企业的下列收入为免税收入：国债利息收入,符合条件的居民企业之间的股息、红利等权益性投资收益,在中国境内设立机构、场所的非居民企业从居民企业取得与该机构、场所有实际联系的股息、红利等权益性投资收益,符合条件的非营利公益组织的收入。

(三)税前扣除项目

1.税前允许扣除的项目。其主要包括:①企业实际发生的与取得收入有关的、合理的支出,包括成本、费用、税金、损失和其他支出,准予在计算应纳税所得额时扣除；②企业发生的公益性捐赠支出,在年度利润总额12%以内的部分,准予在计算应纳税所得额时扣除；③企业按照规定计算的固定资产折旧,准予扣除。但下列固定资产不得计算折旧扣除：房屋、建筑物以外未投入使用的固定资产；以经营租赁方式租入的固定资产；以融资租赁方式租出的固定资产；已足额提取折旧仍继续使用的固定资产；与经营活动无关的固定资产；单独估价作为固定资产入账的土地；其他不得计算折旧扣除的固定资产；④企业按照规定计算的无形资产摊销费用,准予扣除。但下列无形资产不得计算摊销费用扣除：自行开发的支出已在计算应纳税所得额时扣除的无形资产；自创商誉；与经营活动无关的无形资产；其他不得计算摊销费用扣除的无形资产；⑤企业发生的下列支出,作为长期待摊费用,按照规定摊销的,准予扣除:已足额提取折旧的固定资产的改建支出;租入固定资产的改建支出;固定资产的大修理支出;其他应当作为长期待摊费用的支出;⑥企业使用或者销售存货,按照规定计算的存货成本,准予在计算应纳税所得额时扣除;⑦企业转让资产,该项资产的净值,准予在计算应纳税所得额时扣除;⑧企业纳税年度发生的亏损,准予向以后年度结转,用以后年度的所得弥补,但结转年限最长不得超过五年。

2.税前不得扣除的项目。其主要包括:①企业对外投资期间,投资资产的成本在计算应纳税所得额时不得扣除;②向投资者支付的股息、红利等权益性投资收益款项;③企业所得税税款;④税收滞纳金;⑤罚金、罚款和被没收财物的损失;⑥《企业所得税法》第九条规定以外的捐赠支出;⑦赞助支出;⑧未经核定的准备金支出;⑨与取得收入无关的其他支出。

二、计税依据的筹划

(一)收入的筹划

1.应税收入确认金额的筹划。收入总额是指企业以货币形式和非货币形式从各种来源取得的收入,包括纳税人来源于中国境内、境外的生产经营收入和其他收入。

收入确认金额即收入计量,是在收入确认的基础上解决金额多少的问题。商品销售收入的金额一般应根据企业与购货方签订的合同或协议金额确定,无合同或协议的,应按购销双方都同意或都能接受的价格确定;提供劳务的总收入,一般按照企业与接受劳务方签订的合同或协议的金额确定,如根据实际情况需要增加或减少交易总金额的,企业应及时调整合同总收入;让渡资产使用权中的金融企业利息收入应根据合同或协议规定的存、贷款利息确定;使用费收入按企业与其资产使用者签订的合同或协议确定。

在收入计量中,还经常存在着各种收入抵免因素,这就给企业在保证收入总体不受大影响的前提下,提供了税收筹划的空间。例如,各种商业折扣、销售折让、销售退回,出口商品销售中的外国运费、装卸费、保险费、佣金等于实际发生时冲减了销售收入;销售中的现金折扣于实际发生时计入财务费用,也就等于抵减了销售收入。这都减少了应纳税所得额,也就相应地减少了所得税,前者还减少了流转税的计税依据。

2.尽量增加免税收入。

【案例6-4】(股息与股权转让所得的税务筹划)甲公司是一家中型民营企业,主要生产机械设备和计算机硬件。2016年年底,甲公司决定用500万元对外进行投资,并计划于2018年5月收回后用于进一步扩大经营规模。2017年1月,甲公司将此500万元购买了乙公司60%的股权,成为其第一大股东。乙公司是科技园区的高新技术企业,享受15%的所得税优惠税率。2017年,乙公司实现税后利润200万元,甲企业对此进行税收筹划。

方案一:甲公司转让股权前,乙公司分配股利。假设乙公司决定将税后利润的50%用于分配现金股利,2018年4月,甲公司分得60万元。2018年5月,甲公司将其拥有的乙公司60%的股权全部转让,转让价格为550万元,转让过程中除发生印花税外无其他税费。甲公司2018年的生产、经营所得为100万元(企业所得税税率为25%),结合现行政策甲公司应纳税额计算如下。

(1)印花税:根据《印花税暂行条例》规定,产权转移书据按所载金额0.05%贴花,甲公司应缴纳印花税:550万元×0.05%=0.275万元。

(2)企业所得税:《企业所得税法》规定,企业取得的符合条件的居民企业之间的股息、红利等权益性投资收益为免税收入。《企业所得税法实施条例》规定,符合条件的居民企业之间的股息、红利等权益性投资收益,是指居民企业直接投资于其他居民企业取得的投资收益。因此,甲公司取得的60万元现金股利属于股息性所得,按税法规定免税。

同时,《国家税务总局关于企业股权投资业务若干所得税问题的通知》规定,企业股权投资转让所得或损失是指企业因收回、转让或清算处置股权投资的收入减除股权投资成本后的余额。企业股权投资转让所得应并入企业的应纳税所得,依法缴纳企业所得税。则计算如下。

甲公司取得的股权投资转让所得应纳企业所得税:(550-500-0.275)万元×25%=12.43125万元。

自营业务应纳企业所得税:100万元×25%=25万元。

甲企业应纳各种税额合计:0.275万元+12.43125万元+25万元=37.70625万元。

方案二:甲公司转让股权前,乙公司保留盈余不分配。2018年5月,甲公司将其拥有的乙公司60%的股权全部转让,转让价格为610万元(因为乙企业保留盈余不分配导致股权转让价格增高),转让过程除发生印花税外无其他税费,其他条件同上。则甲公司应纳税额计算如下。

应缴纳印花税:610万元×0.05%=0.305万元。

企业所得税:企业在计算股权转让所得时,不得扣除被投资企业未分配利润等股东留存收益中按该项股权所可能分配的金额。因此,甲公司取得的股权投资转让所得应纳企业所得税:(610-500-0.305)万元×25%=27.42375万元。

甲公司的自营业务应纳企业所得税:100万元×25%=25万元。

以上甲公司应纳各项税额合计:(0.305+27.42375+25)万元=52.72875万元。

方案一与方案二相比可以节约税款15.0225(52.72875-37.70625)万元。

甲公司应该选择方案一。

筹划解答:从税法的规定可以看出,如果被投资企业保留盈余不分配,投资企业的股权转让会导致股息性所得转化为股权转让所得,增加了投资企业的税负。因此,投资企业在转让股权前应使被投资企业尽可能最大限度地分配未分配利润,即先分配后转让。因此,甲公司应该选择方案一。

案例启发:按上述税收政策规定,"持有收益"与"处置收益"税收政策不同。企业应及时进行税收筹划,可以节税。

需要强调的是,要做到先分配后转让,投资企业首先应对被投资企业控股,从而控制被投资企业的利润分配政策,其次是被投资企业要有足够的现金可供分配。

(二)扣除项目的筹划

1.期间费用的筹划。企业生产经营中的期间费用包括销售费用、管理费用、财务费用,这些费用的大小直接影响企业的应纳税所得额。为了防止纳税人任意加大费用、减小应纳税所得额,《企业所得税法实施条例》对允许扣除项目作了规定,结合会计核算的费用项目划分需要,将费用项目分为三类:税法有扣除标准的费用项目、税法没有扣除标准的费用项目、税法给予优惠的费用项目。

税法有扣除标准的费用项目包括职工福利费、职工教育经费、工会经费、业务招待费、广告费和业务宣传费、公益性捐赠支出等。

企业发生的职工福利费支出，不超过工资薪金总额14%的部分，准予扣除。企业拨缴的工会经费，不超过工资薪金总额2%的部分，准予扣除。除国务院财政、税务主管部门另有规定外，企业发生的职工教育经费支出，不超过工资薪金总额2.5%的部分，准予扣除；超过部分，准予在以后纳税年度结转扣除。

企业发生的与生产经营活动有关的业务招待费支出，按照发生额的60%扣除，但最高不得超过当年销售（营业）收入的5‰。

企业发生的符合条件的广告费和业务宣传费支出，除国务院财政、税务主管部门另有规定外，不超过当年销售（营业）收入15%的部分，准予扣除；超过部分，准予在以后纳税年度结转扣除。

企业发生的公益性捐赠支出，在年度利润总额12%以内的部分，准予在计算应纳税所得额时扣除。其中，年度利润总额是指企业依照国家统一会计制度的规定计算的年度会计利润。财政部、税务总局发布通知，自2017年1月1日起，企业通过公益性社会组织或者县级（含县级）以上人民政府及其组成部门和直属机构，用于慈善活动、公益事业的捐赠支出，在年度利润总额12%以内的部分，准予在计算应纳税所得额时扣除；超过年度利润总额12%的部分，准予结转以后三年内在计算应纳税所得额时扣除。

这类费用一般采用以下筹划方法：一是原则上遵照税法的规定进行抵扣，避免因纳税调整而增加企业税负；二是区分不同费用项目的核算范围，使税法允许扣除的费用标准得以充分抵扣；三是费用的合理转化，将有扣除标准的费用通过会计处理，转化为没有扣除标准的费用，加大扣除项目总额，降低应纳税所得额。

对于有开支限额的成本费用，如果企业实际开支超过限额规定就会被税务机关剔除并在所得税后列支；如果开支不足，企业又没有充分享受到政策给予的权利。例如，业务招待费，按现行税收政策规定，企业发生的与生产经营活动有关的业务招待费支出，按照发生额的60%扣除，但最高不得超过当年销售(营业)收入的5‰。

企业在生产经营中总是希望所花费的费用最小化,但在缴纳所得税时却又希望费用开支最大化。因此,在申报前必须自行计算成本和费用,对于实际开支超过限额的成本费用应尽量转化为没有限额规定的成本费用,或者没有达到限额的成本费用,以避免不应有的损失。

税法没有扣除标准的费用项目包括劳动保护费、办公费、差旅费、董事会费、咨询费、诉讼费、租赁及物业费、车辆使用费、长期待摊费用摊销、房产税、车船税、土地使用税、印花税等。这类费用一般采用以下筹划方法:一是正确设置费用项目,合理加大费用开支;二是选择合理的费用分摊方法。例如,对低值易耗品、无形资产、长期待摊费用等摊销时,要视纳税人不同时期的盈亏情况而定:在盈利年度,应选择使费用尽快得到分摊的方法,使其抵税作用尽早发挥,推迟所得税纳税时间;在亏损年度,应选择使费用尽可能摊入亏损并能全部得到税前弥补的年度,不要浪费费用分摊的抵税效应;在享受税收优惠的年度,应选择能使减免税年度摊销额最小、正常年度摊销额增大的摊销方法。

税法给予优惠的费用项目包括研发费用等,应充分享受税收优惠政策。例如,税法规定,企业在一个纳税年度生产经营中发生的用于研究开发新产品、新技术、新工艺的技术开发费用,允许按当年费用实际发生额的150%扣除。如果企业当年开发新产品研发费用实际支出为100万元,就可按150(100×150%)万元的数额在税前进行扣除,以体现鼓励研发的政策。

2.存货的纳税筹划。存货是指企业在日常活动中持有以备出售的产成品或商品、处在生产过程中的在产品、在生产过程或提供劳务过程中耗用的材料、物料等,包括各种原材料、燃料、包装物、低值易耗品、在产品、外购商品、自制半成品、产成品等。其最基本特征是,企业持有存货的最终目的是出售,不论是可供直接出售还是需要经过进一步加工后才能出售。因此,存货的税务筹划非常重要。

(1)先进先出法:即假设先入库先发出,每次发货时,先按第一批购入该种存货的单价计算,超出部分再按第二批购入该种存货单价计算,依此类推。

(2)加权平均法:即以月初结存的存货实际成本与全月收入该种存货实际成本之和除以月初结存数量与全月收入该种存货数量之和,求得平均单价。这种平均单价每月计算一次,其计算公式如下:

$$某种存货平均单价 = \frac{月初结存的存货实际成本 + 本月收入该种存货的实际成本}{月初结存的存货数量 + 全月收入该种存货数量}$$

发出存货实际成本 = 该种存货平均单价 × 本月发出该种存货数量

(3)个别计价法:个别计价法是指原材料发出时认定每件或每批材料的实际单价,以计算该件或该批材料发出成本的方法。个别计价法由于在实际操作中工作繁重、成本较高,对大多数存货品种来说都不实用,因此本节重点讨论前面两种。

一般情况下,企业在利用存货计价方法选择进行税务筹划时,要考虑企业所处的环境及物价波动等因素的影响。具体包括:一是在实行比例税率条件下,对存货计价方法进行选择,必须充分考虑市场物价变化趋势因素的影响。当材料价格不断下降,采用先进先出法来计价,会导致期末存货价值较低,销货成本增加,从而减少应纳所得税,达到节税目的;而当物价上下波动时,企业则应选择加权平均法对存货进行计价,以避免因销货成本的波动,而影响各期利润的均衡性,进而造成企业各期应纳所得税额上下波动,增加企业安排资金的难度;二是在实行累进税率条件下,选择加权平均法对企业发出和领用存货进行计价,可以使企业获得较轻的税收负担。因为采用加权平均法对存货进行计价,企业各期计入产品成本的材料等存货的价格比较均衡,不会时高时低,企业产品成本不至于发生较大变化,各期利润比较均衡;三是如果企业正处于所得税的减免税期,意味着企业在该期间内获得的利润越多,其得到的减免税额也就越多,在物价上涨情况下,企业就可以通过选择先进先出法计算材料费用,减少材料费用的当期摊入,扩大当期利润。因此,存货计价方法的税务筹划对于降低企业的成本是非常必要的。

企业为了合理避税,经常在存货的几种计价方法中选择对企业有利的计价方法。

3.固定资产的税务筹划。《企业所得税法》所称固定资产,是指企业为生产产品、提供劳务、出租或者经营管理而持有的、使用时间超过12个月的非货币性资产,包括房屋、建筑物、机器、机械、运输工具以及其他与生产经营活动有关的设备、器具、工具等。

(1)购置固定资产的税务筹划:固定资产具有耗资多、价值大、使用年限长、风险大等特点,它在企业生产经营、生存发展中处于重要地位。因此,在实际工作中,必须重视固定资产购置的税务筹划。

①购置固定资产须取得增值税发票:我国目前采用的是消费型增值税,购入固定资产所含增值税就可以作为进项税额进行抵扣。因此,企业在购买固定资产的时候,就要充分考虑这一点,使固定资产投资额从税基中得以最大限度地扣除。

②设备类型的选择:企业购入固定资产的类型可分为用于"环境保护、节能节水、安全生产"等的设备和除此之外的一般设备。企业选择设备,除了考虑设备的性能、价格、用途,还应重点考虑企业的税收负担。

③固定资产计价的税务筹划:按照会计准则的要求,外购固定资产成本主要包括购买价款、相关税费、使固定资产达到可使用状态前所发生的可归属于该项资产的运输费、装卸费、安装费和专业人员服务费等。按照税法的规定,购入的固定资产,按购入价加上发生的包装费、运杂费、安装费,以及缴纳的税金后的价值计价。由于折旧费用是在未来较长时间内陆续计提的,为降低本期税负,新增固定资产的入账价值要尽可能低。例如,对于成套固定资产,其易损件、小配件可以单独开票作为低值易耗品入账,因低值易耗品领用时可以一次或分次直接计入当期费用,降低了当期的应税所得额;对于在建工程,则要尽可能早地转入固定资产,以便尽早提取折旧。例如,整体固定资产工期长,在完工部分已经投入使用时,对该部分最好分项决算,以便尽早记入固定资产账户。

(2)固定资产折旧的税务筹划:固定资产折旧是成本的重要组成部分,按照我国现行会计制度的规定,企业可选用的折旧方法包括平均年限法、双倍余额递减法及年数总和法等。运用不同的折旧方法计算出的折旧额在量上是不同的,则分摊到各期的固定资产的成本也存在差异,最终会影响到企业税负的大小。税法规定,企业的固定资产由于技术进步等原因,确需加速折旧的,可以缩短折旧年限。采取缩短折旧年限方法的,最低折旧年限不得低于规定折旧年限的60%;采取加速折旧方法的,可以采取双倍余额递减法或者年数总和法,这就给企业所得税纳税筹划提供了新的空间。

固定资产折旧的筹划主要包括折旧年限和折旧方法的筹划。

①折旧年限的筹划:根据固定资产折旧的税务处理,缩短折旧年限有利于加速成本收回,可以使后期成本费用前移,从而使前期会计利润发生后移。由于资金存在时间价值,因前期增加折旧额,税款推迟到后期缴纳。在税率稳定的情况下,所得税的递延缴纳相当于向国家取得了一笔无息贷款。

但需要注意的是,采取缩短折旧年限或者采取加速折旧方法的固定资产只有两类:一是由于技术进步,产品更新换代较快的固定资产;二是常年处于强震动、高腐蚀状态的固定资产。

固定资产的使用年限:除国务院财政、税务主管部门另有规定外,固定资产计算折旧的最低年限如下:房屋、建筑物,为20年;飞机、火车、轮船、机器、机械和其他生产设备,为10年;与生产经营活动有关的器具、工具、家具等,为5年;飞机、火车、轮船以外的运输工具,为4年;电子设备,为3年。

②折旧方法的筹划:按照会计准则的规定,固定资产折旧的方法主要有平均年限法、工作量法等直线法(或称平速折旧法)和双倍余额递减法、年数总和法的加速折旧法。不同的折旧方法对应税所得额的影响不同。虽然从整体上看,固定资产的扣除不可能超过固定资产的价值本身,但是,由于对同一固定资产采用不同的折旧方法会使企业所得税税款提前或滞后实现,从而产生不同的货币时间价值。以下针对几种固定资产折旧方法进行比较。

平均年限法:平均年限法又称直线法,是指将固定资产的应计折旧额均衡地分摊到固定资产预计使用寿命内的一种方法。采用这种方法计算的每期折旧额相等。其计算公式为:

$$年折旧额 = \frac{固定资产原值 - 预计净残值}{预计使用寿命(年)}$$

双倍余额递减法:双倍余额递减法是在不考虑固定资产残值的情况下,

用直线法折旧率的两倍作为固定的折旧率乘以逐年递减的固定资产期初账面净值,得出各年应提折旧额的方法。其计算公式为:

$$年折旧率 = \frac{2}{预计的折旧年限} \times 100\%$$

年折旧额 = 固定资产期初账面净值 × 年折旧率

年数总和法:年数总和法又称折旧年限积数法或级数递减法。它是将固定资产的原值减去残值后的净额乘以一个逐年递减的分数计算确定固定资产折旧额的一种方法。逐年递减分数的分子代表固定资产尚可使用的年数,分母代表使用年数的逐年数字之总和。其计算公式为:

$$年折旧率 = \frac{折旧年限 - 已使用年数}{折旧年限 \times (折旧年限 + 1) \div 2} \times 100\%$$

年折旧额 = (固定资产原值 - 预计残值) × 年折旧率

双倍余额递减法和年数总和法都属于加速折旧法,是假设固定资产的服务潜力在前期消耗较大,在后期消耗较少,为此,在使用前期多提折旧,后期少提折旧,从而相对加速折旧的折旧方法。

加速折旧法(双倍余额递减法),折旧初期提取的折旧额比较多,相应的税基少,应缴纳所得税也就少,折旧后期折旧额较小,相应的应缴纳所得税就多。虽然整个折旧摊销期间,总的应纳税所得额和应缴所得税是一样的,但各年应缴的税款不一样。从各年应纳税额的现值总额来看,双倍余额递减法较直线法节税。

需要注意的是,如果预期企业所得税的税率会上升,则应考虑在未来可能增加的税负与所获得的货币时间价值进行比较决策。同样的道理,在享受减免税优惠期内添置的固定资产,采用加速折旧法一般来讲是不合算的。

③固定资产计价和折旧的税务筹划方法的综合运用:推迟利润的实现获取货币的时间价值并不是固定资产税务筹划的唯一目的。在进行税务筹划时,还必须根据不同的企业或者企业处于不同的状态采用不同的对策。

盈利企业:盈利企业当期费用能够从当年的所得税前扣除,费用的增加有利于减少当年企业应纳税所得额,因此,购置固定资产时,购买费用中能够分解计入当期费用的项目,应尽可能计入当期费用而不宜通过扩大固定资产原值推迟到以后时期;折旧年限尽可能缩短,使折旧费用能够在尽可能短的时间内得到税前扣除;选择折旧方法,宜采用加速折旧法,因加速折旧法可以使折旧费用前移和应纳税所得额后移,以相对降低纳税人当期应缴纳的企业所得税。

亏损企业:由于亏损企业费用的扩大不能在当期的企业所得税前得到扣除,即使延续扣除也有五年时间的限定。因此,企业在亏损期间购置固定资产,应尽可能多地将相关费用计入固定资产原值,使这些费用通过折旧的方式在以后年度实现;亏损企业的折旧年限可适当延长,以便将折旧费用在更长的周期中摊销;因税法对折旧年限只规定了下限没有规定上限,因此,企业可以作出安排;折旧方法选择应同企业的亏损弥补情况相结合。选择的折旧方法必须能使不能得到或不能完全得到税前弥补的亏损年度的折旧额降低,因此,企业亏损期间购买的固定资产不宜采用加速折旧法计提折旧。

受企业所得税优惠政策的企业:处于减免所得税优惠期内的企业,由于减免税期内的各种费用的增加都会导致应税所得额的减少,从而导致享受的税收优惠减少,因此,企业在享受所得税优惠政策期间购买的固定资产,应尽可能将相关费用计入固定资产原值,使其能够在优惠期结束以后的税前利润中扣除;折旧年限的选择应尽可能长一些,以便将折旧费用在更长的周期中摊销;折旧方法的选择,应考虑减免税期折旧少、非减免税期折旧多的折旧方法,把折旧费用尽可能安排在正常纳税年度实现,以减少正常纳税年度的应税所得额,降低企业所得税负担。

(3)对于不能计提折旧又不用的固定资产应尽快处理,尽量实现财产损失的税前扣除。

(4)固定资产维修费用的筹划:固定资产的维修与改良在税收处理上有较大的差异。相比较而言,维修费用能够尽快实现税前扣除,而改良支出需要计入固定资产,通过折旧实现税前扣除。

固定资产的大修理支出必须作为长期待摊费用按规定摊销,不得直接在当期税前扣除。《企业所得税法实施条例》第六十九条规定:固定资产的大修理支出,是指同时符合下列条件的支出:①修理支出达到取得固定资产时的计税基础的50%以上;②修理后固定资产的使用年限延长2年以上。

4.无形资产摊销的筹划。《企业会计准则第6号——无形资产》规定,无形资产是指企业拥有或者控制的没有实物形态的可辨认的非货币性资产,其内容包括专利权、非专利技术、商标权、著作权、特许权、土地使用权等。《企业所得税法》所称无形资产,是指企业为生产产品、提供劳务、出租或者经营管理而持有的、没有实物形态的非货币性长期资产,包括专利权、商标权、著作权、土地使用权、非专利技术、商誉等,与《企业会计准则第6号——无形资产》中无形资产的定义存在一定的差异。

无形资产摊销额的决定性因素有三个,即无形资产的价值、摊销年限以及摊销方法。

税法规定,无形资产按照直线法计算的摊销费用,准予扣除。无形资产的摊销年限一般不得低于10年,作为投资或者受让的无形资产,有关法律规定或者合同约定了使用年限的,可以按照规定或者约定的使用年限分期摊销,即除了通过投资或者受让方式获取的无形资产,无形资产的摊销年限不得低于10年。

无形资产摊销的筹划,其要点是在受让无形资产签订合同或协议时,应尽可能体现受益期限,按较短的受益年限进行摊销,尽快将无形资产摊销完毕。

5.公益性捐赠的筹划。为防止纳税人假借捐赠之名而虚列费用,转移利润,规避税负,税法对于捐赠金额及捐赠对象,均有限制规定。公益性捐赠是纳税人承担社会责任的表现,税法对此予以鼓励。

公益性捐赠是指企业通过公益性社会团体或者县级以上人民政府及其部门,向教育、民政等公益事业和遭受自然灾害地区、贫困地区的捐赠。纳税人直接向受赠人的捐赠不允许扣除。

企业若发生捐赠支出,出于税收上的考虑,应特别注意:①认清捐赠对象和捐赠中介,即企业应通过税法规定的社会团体和机关实施捐赠;②注意限额。企业可根据自身的经济实力和发展战略,决定公益性捐赠的额度,从节税角度考虑,一般不宜超过税前允许扣除的比例(年度利润总额的12%)。如果因为一些特殊原因,需要超过,应该力争在以后三年内在计算应纳税所得额时扣除;③企业在符合税法规定的情况下,可以充分利用捐赠政策,分析不同捐赠方式的税收负担,在不同捐赠方式中作出选择,达到既实现捐赠又降低税负的目的。

(三)亏损弥补的筹划

亏损弥补政策是我国企业所得税中的一项重要优惠措施,是国家为了扶持纳税人发展,从政策上帮助纳税人度过困难时期的一项优惠措施,企业要充分利用亏损弥补政策,以取得最大的节税效益。

1.正确申报亏损。亏损的弥补政策所说的"年度亏损额",不是企业财务报表中反映的亏损额,而是企业财务报表中的亏损额经主管税务机关按税法规定核实调整后的金额。进行税前弥补亏损,必须以调整后的亏损为依据,而不能以会计报表中反映的亏损为依据进行弥补。如果企业多报亏损,经主管税务机关检查调整后有盈余的,还应就调整后的应纳税所得额,按适用税率补缴企业所得税。

2.提前利润的实现。亏损的弥补政策,按规定是按年依序扣除,并以五年为限,超过五年的亏损,就无法适用该优惠政策在税前弥补。企业如果有亏损,应及早将亏损弥补完毕,否则时限超过,企业会丧失亏损弥补权利,造成总税负增加。及早弥补亏损的方法仍是提前利润的实现,以使应纳税所得额尽量在可以弥补亏损的年度实现。其具体筹划方法:①提前确认收入;②延后列支费用。对呆账、坏账可以不计提坏账准备,采用直接核销法处理,将可列为当期费用的项目予以资本化,或将某些可控制的费用,如广告费等延后支付。

3.合并亏损企业。企业合并中所得税的基本规范,是2009年4月30日财政部和国家税务总局联合出台的《关于企业重组业务企业所得税处理若干问题的通知》。依照该文件的规定,一般情况下,企业合并应按照下列规定进行税务处理:①合并企业应按公允价值确定接受被合并企业各项资产和负债的计税基础;②被合并企业及其股东都应按清算进行所得税处理;③被合并企业的亏损不得在合并企业结转弥补。

在企业合并过程中,如果同时满足下述条件,可以进行特殊性税务处理:①具有合理的商业目的,且不以减少、免除或者推迟缴纳税款为主要目的;②被收购、合并或分立部分的资产或股权比例符合本通知规定的比例(对于企业合并而言,该比例指下文中提到的企业股东在该企业合并发生时取得的股权支付金额不低于其交易支付总额的85%);③企业重组后的连续12个月内不改变重组资产原来的实质性经营活动;④重组交易对价中涉及股权支付金额符合本通知规定比例;⑤企业重组中取得股权支付的原主要股东,在重组后连续12个月内,不得转让所取得的股权。

在满足以上条件的前提下,如果企业股东在该企业合并发生时取得的股权支付金额不低于其交易支付总额的85%,以及同一控制下且不需要支付对价的企业合并,可以选择按以下规定执行特殊税务处理方式:①合并企业接受被合并企业资产和负债的计税基础,以被合并企业的原有计税基础确定;②被合并企业合并前的相关所得税事项由合并企业承继;③可由合并企业弥补的被合并企业亏损的限额=被合并企业净资产公允价值×截至合并业务发生当年年末国家发行的最长期限的国债利率;④被合并企业股东取得合并企业股权的计税基础,以其原持有的被合并企业股权的计税基础确定。

在企业吸收合并中,合并后的存续企业性质及适用税收优惠的条件未发生改变的,可以继续享受合并前该企业剩余期限的税收优惠,其优惠金额按存续企业合并前一年的应纳税所得额(亏损计为零)计算。

(四)企业清算的纳税筹划

【案例6-5】甲公司董事会于2019年8月向股东会提交解散申请书,股东会于9月20日通过并作出决议,清算开始日定于10月1日,清算期两个月。该公司财务部经理在开始清算后发现,1~9月底公司预计盈利100万元(适用企业所得税税率25%),并且公司在清算初期会发生巨额的清算支出。假定清算期间10月1日至11月30日的清算损失为150万元,其中10月1日至10月14日会发生清算支出100万元,10月15日至11月30日会发生清算支出50万元。请对其进行纳税筹划。

税法依据:企业在清算年度,应划分为两个纳税年度,从1月1日到清算开始日为一个生产经营纳税年度,从清算开始日到清算结束日的清算期间为一个清算纳税年度。

筹划思路:企业的清算日期不同,对两个纳税年度应税所得的影响不同。企业可以利用推迟或提前清算日期的方法来影响企业清算期间应税所得额,从而达到降低应纳企业所得税税负的目的。

筹划过程有以下两种方案。

方案一:清算开始日定于10月1日。

生产经营年度(1月1日至9月30日)应纳企业所得税=100万元×25%=25万元。

清算年度(10月1日至11月30日)清算所得为清算损失150万元,不纳企业所得税。

方案二:清算开始日定于10月15日。

生产经营年度(1月1日至10月14日)应纳企业所得税=(100-100)万元×25%=0万元。

清算年度(10月15日至11月30日)清算所得为清算损失50万元,不纳企业所得税。

筹划结论:方案二比方案一甲公司少缴企业所得税25万元,因此,应当选择方案二。

筹划点评:本案例通过改变清算开始日期,合理调整正常生产经营所得和清算所得,从而达到降低整体税负的目的。

第四节 企业所得税优惠政策的税收筹划

一、企业所得税的优惠政策

(一)农、林、牧、渔减免税优惠政策

1.免征企业所得税项目。其主要包括:①蔬菜、谷物、薯类、油料、豆类、棉花、麻类、糖料、水果、坚果的种植;②中药材的种植;③林木的培育和种植;④牲畜、家禽的饲养;⑤林产品的采集;⑥灌溉、农产品初加工、兽医等农、林、牧、渔服务业项目;⑦远洋捕捞。

2.减半征收企业所得税项目。其主要包括:①花卉、饮料和香料作物的种植;②海水养殖、内陆养殖。

国家禁止和限制发展的项目,不得享受本条规定的税收优惠。

(二)其他减免税优惠政策

1.从事国家重点扶持的公共基础设施项目投资经营的所得。企业从事国家重点扶持的公共基础设施项目(国家重点扶持的公共基础设施项目,是指《公共基础设施项目企业所得税优惠目录》规定的港口码头、机场、铁路、公路、电力、水利等项目)的投资经营所得,从项目取得第一笔生产经营收入所属纳税年度起,第一年至第三年免征企业所得税,第四年至第六年减半征收企业所得税。企业承包经营、承包建设和内部自建自用以上项目,不得享受本条规定的企业所得税优惠。

上述享受减免税优惠的项目,在减免税期未满时转让的,受让方自受让之日起,可以在剩余期限内享受规定的减免税优惠;减免税期满后转让的,受让方不得就该项目重复享受减免税优惠。

2.从事符合条件的环境保护、节能节水项目的所得。符合条件的环境保护、节能节水项目,包括公共污水处理、公共垃圾处理、沼气综合开发利用、节能技术改造、海水淡化等,具体条件和范围由国务院财政、税务主管部门同有关部门共同制定报国务院批准后公布施行。

企业从事前款规定的符合条件的环境保护、节能节水项目的所得,从项目取得第一笔生产经营收入所属纳税年度起,第一年至第三年免征企业所得税,第四年至第六年减半征收企业所得税。

3.符合条件的技术转让所得。符合条件的技术转让所得免征、减征企业所得税,是指一个纳税年度内居民企业转让技术所有权所得不超过500万元的部分免征企业所得税,超过500万元的部分减半征收企业所得税。

(三)加计扣除优惠政策

企业的下列支出,可以在计算应纳税所得额时加计扣除。

1.开发新技术、新产品、新工艺发生的研究开发费用。企业为开发新技术、新产品、新工艺发生的研究开发费用,未形成无形资产计入当期损益的,在按照规定实行100%扣除的基础上,按照研究开发费用的50%加计扣除;形成无形资产的,按照无形资产成本的150%摊销。

2.安置残疾人员及国家鼓励安置的其他就业人员所支付的工资。企业安置残疾人员的,在按照支付给残疾职工工资据实扣除的基础上,可以在计算应纳税所得额时按照支付给上述人员工资的100%加计扣除。

(四)减计收入优惠政策

企业综合利用资源,生产符合国家产业政策规定的产品所取得的收入,可以在计算应纳税所得额时减计收入。这里所谓的"减计收入",是指企业以《资源综合利用企业所得税优惠目录》规定的资源作为主要原材料,生产非国家限制和禁止并符合国家和行业相关标准的产品取得的收入,减按90%计入收入总额。

该优惠政策相当于无限期延长减免期限,采用直接减计收入的形式拓展了减免基数,使税收优惠政策更加科学合理。

(五)税额抵免政策

企业购置并实际使用《环境保护专用设备企业所得税优惠目录》《节能节水专用设备企业所得税优惠目录》和《安全生产专用设备企业所得税优惠目录》规定的环境保护、节能节水、安全生产等专用设备,其设备投资额的10%可以从企业当年的应纳税额中抵免;当年不足抵免的,可以在以后5个纳税年度结转抵免。

值得注意的是,享受该项企业所得税优惠的环境保护、节能节水、安全生产等专用设备,应当是企业实际购置并自身实际投入使用的设备;企业购置上述设备在5年内转让、出租的,应当停止执行本条规定的企业所得税优惠政策,并补缴已经抵免的企业所得税税款。

二、企业所得税优惠政策的税收筹划方法

(一)选择投资方向

《企业所得税法》是以"产业优惠为主、区域优惠为辅"作为税收优惠的导向。无论是初次投资还是增加投资都可以根据税收优惠政策加以选择,充分享受税收产业优惠政策。

1.选择减免税项目投资。其主要包括:①投资于农、林、牧、渔业项目的所得,可以免征、减征企业所得税。投资于基础农业,如蔬菜、谷物、薯类、油料、豆类、棉花、麻类、糖料、水果、坚果的种植;牲畜、家禽的饲养、农作物新

品种的选育等可以享受免征企业所得税待遇。投资于高收益的农、林、牧、渔业项目可以减半征收企业所得税;②投资于公共基础设施项目、环境保护、节能节水项目从项目取得第一笔生产经营收入所属纳税年度起实行"三免三减半"税收优惠。

2. 创业投资企业对外投资的筹划。创业投资企业从事国家需要重点扶持和鼓励的创业投资,可以按投资额的一定比例抵扣应纳税所得额。抵扣应纳税所得额,是指创业投资企业采取股权投资方式投资于未上市的中小高新技术企业2年以上的,可以按照其投资额的70%在股权持有满2年的当年抵扣该创业投资企业的应纳税所得额;当年不足抵扣的,可以在以后纳税年度结转抵扣。

(二)利用企业所得税的优惠政策节税

【案例6-6】某非关联科技企业有一项技术转让给某石化总厂,技术转让总价值1000万元,现有以下两个投资方案可供选择。

方案一:某非关联科技企业2019年全部技术转让。

方案二:某非关联科技企业将技术转让分成两部分,2019年技术转让价值为500万元,2020年技术转让价值为500万元。

方案一技术转让所得应纳所得税为62.5[0+(1000-500)×25%×(1-50%)]万元,税后收益为937.5万元;方案二技术转让所得应纳所得税为0万元,税后收益为1000万元;方案二比方案一税后收益多62.50万元。

方案二为最优方案,故筹划时应选择方案二。

参考目录

[1]陈共.财政学(第九版)[M].北京:中国人民大学出版社,2017.

[2]付志宇,陈龙.现代财政学[M].北京:机械工业出版社,2016.

[3]盖地.中国税制(第二版)[M].北京:中国人民大学出版社,2015.

[4]计金标.税收筹划(第六版)[M].北京:中国人民大学出版社,2016.

[5]梁文涛.纳税筹划实务[M].北京:清华大学出版社,2012.

[6]马骁,周克清.财政学(第三版)[M].北京:高等教育出版社,2017.

[7]蒙丽珍.财政学[M].大连:东北财经大学出版社,2013.

[8]邱晖.财政学[M].北京:电子工业出版社,2014.

[9]申长平.财政学基础(第七版)[M].北京:中国财政经济出版社,2015.

[10]王华春.公共财政学[M].北京:北京师范大学出版社,2017.

[11]杨志勇,张馨.公共经济学[M].北京:清华大学出版社,2018.

[12]张飞霞.财政学[M].北京:科学出版社,2015.

[13]张立巍.财政学[M].上海:上海财经大学出版社,2017.

图书在版编目（CIP）数据

财政学与税收筹划研究 / 杨沛沛，唐信花，郑为晶编著. -- 太原：三晋出版社，2023.2
ISBN 978-7-5457-2699-2

Ⅰ.①财… Ⅱ.①杨… ②唐… ③郑… Ⅲ.①财政学—研究 ②税收筹划—研究 Ⅳ.①F810

中国国家版本馆CIP数据核字（2023）第030078号

财政学与税收筹划研究

编　　著：	杨沛沛　唐信花　郑为晶
责任编辑：	张　路
出 版 者：	山西出版传媒集团·三晋出版社
地　　址：	太原市建设南路21号
电　　话：	0351-4956036（总编室）
	0351-4922203（印制部）
网　　址：	http://www.sjcbs.cn
经 销 者：	新华书店
承 印 者：	山西基因包装印刷科技股份有限公司
开　　本：	720mm × 1020mm　1/16
印　　张：	8.75
字　　数：	150千字
版　　次：	2023年9月　第1版
印　　次：	2023年9月　第1次印刷
书　　号：	ISBN 978-7-5457-2699-2
定　　价：	56.00 元

如有印装质量问题，请与本社发行部联系　电话：0351-4922268